Alla mia nuova migliore amica:

....

LA PARIGINA

Guida allo chic

Ines de la Fressange

e Sophie Gachet

Traduzione dal francese
Vera Verdiani

Progetto grafico
Noémie Levain

Coordinamento editoriale
Julie Rouart

Rilettura
Marion Doublet
Camille Giordano

Fabbricazione
Murielle Meyer

Fotoincisione
Couleurs d'image, Boulogne-Billancourt

Tutte le fotografie sono state realizzate
da Ines de la Fressange e Sophie Gachet,
tranne quelle di:
Benoît Peverelli pp. 25, 27, 29, 31, 33, 35, 37, 41, 45, 49
Spa Nuxe 32 Montorgueil p. 189
Tibo p. 77
Deidi von Schaewen p. 192
Fabrice Vallon per Très Confidentiel p. 190
DR pp. 76, 81, 84, 89, 90, 97, 102, 103, 147 in basso,
188, 222 in alto, 199–201, 204, 226
Thierry Chomel p. 222 in basso

Prima pubblicazione in Francia con il titolo
La Parisienne

Edizione aggiornata
ISBN: 978-88-96968-37-6
www.ippocampoedizioni.it

La Parigina

Guida allo chic

Ines de la Fressange
e Sophie Gachet

Illustrazioni: Ines de la Fressange
Fotografie di Nine d'Urso: Benoît Peverelli

L'ippocampo

Sommario

PARTE 1

Vestirai come una Parigina

1. IL DNA della Parigina

Non occorre essere nata a Parigi per avere uno stile da Parigina. Guardate me, che ho visto la luce a Saint-Tropez! Avere l'aria made in Paris è piuttosto un atteggiamento mentale, come essere rock e mai borghese, tanto per dirne una. La Parigina non cade mai nella trappola delle tendenze: la sua ricetta segreta sta nel lasciarle maturare e nel servirsene con discernimento. Senza perdere mai di vista il principale obiettivo, cioè quello di divertirsi con la moda. Segue alcune regole, ma trasgredirle le piace e fa parte del suo stile. Il suo DNA sta nei seguenti 6 punti. Facile, no?

La Parigina evita i coordinati

Stop al *total-look*! Parola d'ordine: mes-co-la-re! È fondamentale saper mixare stili e griffes. Fate rimare *chic* con *cheap* e vincerete 100 punti al gioco « Come veste una Parigina? ». C'è più talento nel portare una vecchia « it bag » con un golf di cachemire basico che nel copiare pari pari gli ultimi look delle sfilate. Non comprare nello stesso negozio la blusa da abbinare alla gonna dimostra uno spirito libero nei confronti della moda. Trovare qualcosa che « match » con qualcos'altro (parola inglese intraducibile che significa « va d'accordo con… ») non è un problema: basta tenere presente la regola secondo la quale lo chic sta soprattutto nel non vestirsi « coordinato » dalla testa ai piedi e applicarla in dosi massicce!

È anti-bling

Lo stile più esportabile, e che rende unica la Parigina, è il cosiddetto genere « Rive Gauche ». È il tipo di Parigina che bazzica Saint-Germain-des-Prés e rifugge da tutto ciò che fa *bling*. L'idea portante è quella di non avere l'aria ricca: i gioielli vistosi e i logo disseminati in ogni dove non sono il suo tipo. Una vera Parigina non va a caccia del marito miliardario e, se è veramente *chic*, non ci tiene ad essere appariscente: quello cui soprattutto tiene, è la qualità. Il suo lusso? Una griffe che garantisca il buon gusto e non il fatto che la gente ne conosca il prezzo.

Le piace fare la cacciatrice

La Parigina ama andare a caccia di nuove griffes. Soprattutto se si tratta di marchi creativi e abbordabili. Può essere più orgogliosa di una scoperta al supermercato del quartiere (ai grandi magazzini Monoprix si trovano delle cosette niente male!) che d'essere la prima a possedere l'ultima « it bag » di gran marca, soprattutto se per averla ci si deve iscrivere su una lista d'attesa (che volgarità!). Il suo guardaroba consiste in un abile accostamento di abiti a prezzi scontati, di indumenti trovati nei viaggi e di qualche capo di lusso. Il risultato è che quando indossa dei jeans non sai mai se siano marcati GAP, Notify, H&M o Hermès! Non è tipo da spendere l'intero stipendio in un must. Innanzitutto perché non ne ha i mezzi, e poi perché ritiene di non avere meno talento di uno stilista: perché spendere tanti soldi in un indumento che può disegnarsi da sola? La Parigina ha l'arroganza di pensare che non sarà mai fuori moda. La moda, lei, l'ignora… anche se poi indossa sempre un piccolo dettaglio da cui si vede che conosce a menadito ogni minima tendenza. E questo fa parte del suo charme.

Si sente a suo agio con le scarpe da ginnastica

Non udrete mai una Parigina lamentarsi della gonna troppo corta, di un vestito troppo stretto o dei tacchi troppo alti. Tutte le ragazze che dissertano di stile arrivano alla medesima conclusione: « Il segreto dello stile sta nel sentirsi a proprio agio nei vestiti ». Conoscono il proprio corpo, sanno ciò che è adatto per loro e che s'intona al loro modo di vivere. Se non vi sentite a vostro agio nel maglioncino troppo scollato, su dei tacchi vertiginosi o nei pantaloni troppo aderenti… andate a cambiarvi!

Ignora gli idoli

La Parigina non ha idoli. Recita il suo personale ruolo d'icona della moda, anche se, sotto sotto, ammira Jane Birkin e Charlotte Gainsbourg che azzeccano immancabilmente il casual look (pull di cachemire grigio + jeans + Converse o stivali vintage) al quale lei stessa aspira. Come pure non può fare a meno d'ammirare il look di un'amica che ha un proprio stile e che, pur invecchiando, riesce a mantenerlo facendo via via qualche piccola concessione al gusto del momento. Il suo idolo in fatto di moda non è necessariamente una persona famosa. Anzi, meno è conosciuta e più chances ha di piacerle. La Parigina attinge ispirazione dalla strada, come gli stilisti.

Diffida del buon gusto

Chi avrebbe mai detto che il blu e il nero stessero bene insieme?

Prima di Yves Saint Laurent nessuno aveva osato l'accostamento. Oggi questa stridente accoppiata fa meraviglie nelle soirées eleganti. Bisogna sapersi prendere delle libertà con i dettami della moda e non esitare ad affrancarsi da certe regole... comprese quelle enunciate in questa guida! Vi tenta l'idea di un vestito arancione abbinato a delle scarpe gialle? Osate: prima o poi vorranno tutte copiarvi! La moda è in continua evoluzione ed è proprio questo che la rende interessante. Verrà il giorno in cui la Parigina decreterà che i mini-short con il blouson di leopardo e le ballerine chiodate sono il meglio del meglio. Tenetevi pronte a buttare tutto all'aria!

Shopping coach

→ **Quale di voi non è mai stata tentata da un vestito di lustrini** o da una gonna carica di volants? Non è facile resistere alle sirene della moda. E invece la Parigina deve imparare a fare shopping con un certo metodo se non vuole lasciarsi ottenebrare dall'abbondanza della scelta. E, soprattutto, non può permettersi d'intasare il guardaroba con capi che non metterà neanche una volta.

Che fare per non cadere vittime della moda?

riflettere

✱ Prima di comprare un capo, chiedetevi sempre: « Mi va di indossarlo stasera? ». Se la risposta è: « No », oppure: « L'indosserò solo in casa », oppure: « Chissà, magari una volta, a una festa… » è segno che da quella boutique fareste bene a svignarvela al più presto.

Dar retta alle commesse

✱ Ok, alcune di loro sono interessate alle vendite, ma di solito conoscono bene la collezione e sapranno trovare il capo che fa per voi… È il loro mestiere! In compenso, diffidate da quella che vi dice « Quest'anno va molto! ». La Parigina detesta comprare la roba che portano tutti. Bada più a ciò che le sta bene che a ciò che va di moda, della quale peraltro pretende di non curarsi (v. il punto seguente).

Assimilare le tendenze

* Seguire le tendenze è esattamente ciò da cui la Parigina rifugge, e tuttavia deve sapere ciò che è trendy in quel momento. Tutto sta nel non applicare le tendenze alla lettera. Se va di moda il maculato, deve evitare di conciarsi in modo da sembrare appena scappata dallo zoo. Una pochette in stampato animalier basterà a dimostrare che fa parte delle ragazze con stile, e non delle bestie alla moda.

Non acquistare "opere d'arte"

* A volte capita di comprare un indumento solo perché è bello, con colori vivaci e dettagli divertenti. Ci piace il capo in sé e per sé, senza rapportarlo al nostro stile e alla nostra conformazione fisica. E invece bisogna sempre cercare d'immaginare come s'integrerà nel nostro guardaroba. Non sempre un indumento messo in bella mostra in una boutique e aggiustato in modo fotogenico rappresenta un buon acquisto. Grazie a questi accorgimenti si eviterà di acquistare un cappotto arancione quando si hanno i capelli rossi, o la minigonna argento a volants quando le nostre cosce non se ne avvantaggiano. Conoscere i limiti della moda è un'arte vera e propria.

Dividere in due il proprio budget

* Da una parte i basici di qualità, dall'altra i colpi di fulmine che danno al guardaroba un tocco d'allegria (una cintura, una borsa, dei bijoux fantasia). Anche con un budget medio ci sono mille modi per ottenere un look simpatico. In fondo non abbiamo bisogno di tanta roba: meglio avere pochi pullover, poche gonne e pochi cappotti, ma di buona qualità.
Lo scopo non è la quantità. Bisogna saper eliminare. E non va neanche bene il ragionamento « questo lo tengo per quando imbiancherò la casa ». Bisogna imparare a dar via: non mancano certo le associazioni umanitarie e le persone bisognose. Una cosa è certa: la giornata comincia meglio quando si apre un armadio con dentro poche cose, ma bene organizzate.

Decontestualizzare è vincente!

→ **« Alla larga dai coordinati! »** è il grido di guerra da tenere sempre presente. Decontestualizzare un capo invece di accettarne l'uso canonico è lo sport preferito della Parigina. Aggiungere un paio di dettagli vagamente assurdi può dare risultati follemente eleganti. Mixare comporta ovviamente dei rischi, e si fa presto a incappare in un *fashion faux pas*. Ma la Parigina troverà sempre il modo di trasformare uno sbaglio in un tocco di stile. La vera Parisienne sa anche usare con cautela le classiche regole dell'eleganza e mandare all'aria il fatidico BCBG (*Bon Chic Bon Genre*). Eccovi la Top Ten delle regole – dalla meno rischiosa alla più osée – per decontestualizzare il proprio look secondo lo stile parigino.

10. Dei jeans portati con dei sandali gioiello (e non con le scarpe da ginnastica)

9. Una gonna a matita con le ballerine (e non scarpe col tacco)

8. Un pull a paillettes con i pantaloni da uomo (e non con la gonna)

7. Un collier di diamanti portati di giorno su una camicia denim (e non di sera su un vestito nero)

6. Dei mocassini con gli shorts… e anche con i calzini (e non con i pantaloni e senza calzini)

5. Un abito da sera con semplicissimi sandali effetto nudo (e non con i sandali gioiello)

4. Una collana di perle con una t-shirt rock'n'roll (e non con un abito tre buchi)

3. Un vestito di chiffon stampato, con stivali da moto molto consunti (e non con le ballerine nuove fiammanti)

2. Uno smoking con le scarpe da ginnastica (e non con i tacchi da femme fatale)

1. Un abito da sera con una borsa di paglia (e non con la pochette dorata)

Lo stile senza sforzo

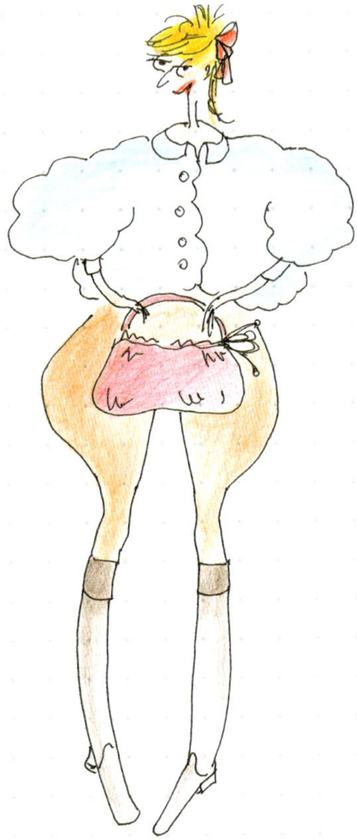

→ **A volte basta veramente poco per fare stile. Gli inglesi lo chiamano l'« effortless style ».** Condizione richiesta? Avere fiducia in sé… e sorridere (tutto va giù con un sorriso)! Ovviamente, mettere in pratica qualche piccola astuzia aiuta a raggiungere lo stile senza (o quasi senza) sforzo…. Eccone 16.

* Indossare un golfino di lana sul vestito da ballo. Non c'è niente di più kitsch delle stole (*please*, soprattutto niente stole: non le portano più neanche le dive di Hollywood sul tappeto rosso), o del bolerino. Un vestito di lustrini e un golf di cachemire: *ça c'est Paris!*

* Andare da H&M, ma servirsi nel reparto uomo.

* Mixare *couture* e *street culture*. Un pantalone nero dal taglio impeccabile abbinato a una t-shirt di cotone sottile e super cascante (le più giovani possono azzardare lo stampato). Quando non riuscite a capire se avete ottenuto un effetto lusso oppure casual, è fatta: vuol dire che avete stile!!

* Un parka su un abitino di chiffon.

* Sovrapporre due sciarpe una sull'altra. Funziona anche con due t-shirt, due bluse, due blazer e perfino due cinture. Fa risaltare i capi basici.

* Un maxi-accessorio su una silhouette semplicissima. La Parigina ha sempre ammirato Jackie Kennedy del periodo Onassis: pantaloni bianchi, t-shirt nera, sandali piede nudo… e occhialoni da sole. Chic, efficace… e così facile da copiare!

* *Abbinare* la vecchia giacca denim stra-usata a una camicetta di seta. Come per i pantaloni portati con la t-shirt, è un mix che dà più consistenza al vostro look. Tutto il resto deve restare ultrasobrio. Lo scopo è di dare l'impressione che l'elemento di lusso – la camicia di seta – sia capitato lì per caso. Se traspare la ricerca dell'effetto, lo scopo è fallito e si finisce catalogate « try too hard », espressione inglese per definire le ragazze che cercano a tutti i costi di « fare stile ». Per niente cool… Lo sanno tutti che la Parigina compra tonnellate di riviste di moda per essere trendy, ma che non vuole che si veda! È perfino capace di andare a comprare questa guida dicendo che è per fare un regalo…

* Quando siete stufe di un indumento, tingetelo in *blu marine*: gli darà una seconda vita (a meno, ovviamente, che sia già marine di suo!).

* Farsi portare dall'*India*, delle camicie Kurta di tutti i colori e indossarle sotto i twin-set e con collane di perle, stile « borghesotta di Katmandu ».

* Indossare una giacca di velluto nero da vaccaro, ma di una taglia *più piccola* della vostra. Idem per le tradizionali giacche da lavoro di tela blu (anche loro una taglia sotto la vostra).

Q

LA REGOLA D'ORO UNIVERSALE DELLO STILE

Se la parte di sotto (pantaloni, gonna) è ampia, quella di sopra dev'essere aderente. Se il sotto è attillato, il sopra dev'essere ampio.

* Scovare dei *vecchi* foulards da uomo e portarli su tutto.

* Tutto ciò che proviene da un negozio *surplus*, portato con vecchi bijoux, va bene.

* Non esitare a indossare la *camicia* del figlio dodicenne con un reggiseno push-up bene in vista.

* Cingere tutto con una lunga *cintura* da uomo usata, annodando morbidamente la parte in eccesso.

* Portare *calzini* in cachemire di tutti i colori (kaki, lampone, turchese).

* *Rimboccare* negligentemente le maniche della camicia di cotone sopra il pullover. Conferisce un tocco casual chic.

2. Un po' meno basici

il buon look si fa con i buoni basici! Avere uno stile da Parigina non è poi (troppo) difficile. Basta inserire nel proprio guardaroba questi sette classici: una giacca da uomo, un trench, un pullover blu marine, una canottiera, un tubino nero, dei jeans e un blouson di pelle. Il resto è solo una questione di abbinamenti. A quale effetto mirate? Come « tirare su » il capo basico? Quali sono gli errori da evitare? « Look made in Paris », istruzioni per l'uso.

La giacca da uomo

L'effetto da ricercare

* Il maschile/femminile e non certo il maschile/maschile. Dovete trovare il sistema di aggiungerci un tocco di femminilità.

Come "tirarla su"?

* Metteteci una cintura!

* Rimboccate le maniche: è il tocco easy chic di rigore. Molto più allegra se con fodera di colore diverso.

* Di giorno indossatela con dei pantaloni di un altro colore (i jeans vanno sempre bene).

* Di sera, abbinate la giacca ai pantaloni (il nero su nero funziona da secoli).

* Indossatela su una camicetta bianca sbottonata con nonchalance per un effetto sottilmente sexy. Un top di trina, di seta o luccicante aggiunge un ulteriore tocco sexy chic.

I fashion faux pas

→ Con la giacca da uomo, niente minigonna. Troppa femminilità uccide il maschile!

→ Se troppo grande, la giacca perde il suo chic. No e poi no alle spalle cadenti!

Il look vincente

Giacca blu marine + blusa bianca di chiffon + jeans bianco.
Un look semplice e pulito che sta bene a tutte.

L'immortale

La giacca da smoking Yves Saint Laurent, sotto la quale il Maestro suggeriva di indossare il reggiseno e basta. Evidentemente non tutte se la possono permettere ma, visto il successo, è stata largamente imitata dalle boutiques a prezzi abbordabili. Siamo salve!

il trench

L'effetto da ricercare

Far credere che lo portiamo da una vita e che è diventato una seconda pelle.

Come "tirarlo su"?

* Rimboccarne le maniche e spiegazzarne il colletto per renderlo meno rigido.

* Invece di allacciare la cintura da brava bambina, annodatela tipo « mi si è rotta la fibbia ma ho già rimediato! ». Dare un tocco di stile fingendo che sia un espediente pratico è una delle abilità della Parigina!

Il look vincente

Portatelo sui jeans, su dei pantaloni da smoking, su un tubino nero da sera… Esiste un'occasione in cui il trench non sia perfetto? Va su tutto e con tutto!

I fashion faux pas

→ Il look militaresco: non si deve dare l'impressione di prendere troppo sul serio questo mantello, originariamente utilizzato nelle trincee.

→ Con la gonna lunga: occhio all'effetto torre!

→ Con il twin-set, la collana di perle, la gonna dritta e la passata sui capelli si rischia di sembrare una ragazza noiosa… a meno di avere sedici anni e di giocare alla citazione ironica.

→ Sceglierlo di poliestere.

L'immortale

Il Burberry, *of course!* Se ne vedono molti che da lontano gli assomigliano e che non hanno la mitica fodera, il che non toglie niente al suo look leggendario.

il pull blu marine

L'effetto da ricercare

Quello della semplicità, ma senza andare nel serioso. La sobrietà, ma più raffinata del pulloverino nero. Diciamoci la verità: certe volte il maglioncino nero risulta un po' ovvio.

Come "tirarlo su"?

* I jeans bianchi ne esaltano appieno il significato.

* Su dei pantaloni neri ci ricorda che Yves Saint Laurent ha sempre avuto un grande fiuto nell'abbinare i colori.

* Se volete un effetto « easy cool », indossatelo con le scarpe basse.

* Per la sera, aggiungere i tacchi. Con una sfilza di braccialetti fa *ting*!, ma mai *bling*!

Il look vincente

Jeans bianchi + pull scollato a V blu marine + sandali a tacco alto + blouson di pelle.

Di che materiale?

Di cachemire, ovviamente. Troppo caro? Non è vero. Se ne trovano dappertutto a prezzi modici. Non dimentichiamo che un golf di cachemire è molto più resistente degli altri materiali e che, pur lavandolo spesso, si consuma molto meno!

I fashion faux pas

→ Con il blu marine, non c'è rischio di *fashion faux pas*… A meno di abbinarlo al giallo (nel qual caso sembra il logo dei mobili svedesi).

L'immortale

Tutti i pull blu marine sono senza età! Éric Bompard (www.ericbompard.com) viene spesso considerato il fornitore ufficiale di un buon numero di Parigine. Ma da New York (Gap) a Tokyo (Uniqlo), meritano tutti il viaggio.

La canottiera

L'effetto da ricercare

Quello di svolgere un ruolo di secondo piano senza farsi notare. Serve ad accompagnare un look.

Come "tirarla su"?

* Indossandola sugli shorts, sui jeans e perfino su una gonna (soprattutto se di tessuto imprimé).

* Abbinarvi un collier di buona fattura.

* Con una giacca da smoking, o un blazer.

Di che colore?

Tutti i colori semplici: bianco, nero, grigio, blu marine, kaki. Evitare il verde bosco, anche se fa tendenza, e il rosso, utile solo a rintracciare i bambini sulla spiaggia.

I fashion faux pas

→ Il color carne. Chi mai vuole sembrare nuda?

→ Gli stampati « Marcel ». Troppo ovvio.

Il look vincente

Canottiera bianca + pantaloni beige + giacca da uomo + mocassini.

L'immortale

La Petit Bateau, ovviamente! Un fiore all'occhiello della Francia e quindi un must per la Parigina! Nella taglia ragazzi (16 anni) ha un'arietta striminzita che fa subito stile. La Rolls delle canotte: l'Abercrombie & Fitch, lunga, stretta e molto ben tagliata. Dopo lavata riprende immediatamente la forma originaria.

il tubino nero

Due o tre cosette su di lui

* Il tubino nero non è un indumento: è un concetto. È astratto, universale e, proprio per questo, adatto a tutti. Tubino nero? Detto così, non significa niente. Quello di Édith Piaf, con le mani sulla pancia? Quello di Anna Magnani, in lacrime nei film neorealisti? Comunque sia, ne serbiamo tutte il ricordo.

* Oggi si hanno più vestiti neri come si hanno più paia di jeans: tutti diversi sotto la medesima denominazione. Per le donne, il tubino nero è un segreto di Pulcinella, anzi un segreto di donna: sappiamo che ci salverà in tutte le situazioni, quali che siano il continente, la stagione, l'ora e l'uomo. Perché?

* Perché coniuga senza difficoltà il binomio sexy ed eleganza. Sexy ed eleganza? Ma che cosa significa?

L'effetto da ricercare

Semplicità, semplicità, semplicità… e una buona dose d'eleganza.

Il look vincente

Con dei grandi occhiali scuri (i Persol, modello anni '80) e le ballerine nere. D'inverno ci si possono anche aggiungere dei guanti lunghi. Dopo di che si è pronte per andare a fare la prima colazione davanti a Tati Or… tipo Holly Golightly (Audrey Hepburn) in *Colazione da Tiffany*.

L'immortale

All'improvviso, eccone uno, solo soletto su un espositore. Capiamo subito che è lì per noi. In ogni boutique si nasconde un tubino nero che aspetta di diventare il capo-base di una donna.

I jeans

Dopo di che, sta a voi sbizzarrirvi con i vostri colori preferiti! Avete pensato al blu marine? Un'ottima alternativa al denim brut.

L'effetto da ricercare

Una volta possedevamo un paio di jeans. Adesso ci divertiamo a collezionarli di tutti i tipi: azzurro-cielo, blu, bianchi, neri… per giocare con le stagioni e con l'umore!

Che tipo di jeans?

* Mentre è ancora in atto la guerra tra i vari tipi di jeans, e i *fashionistas* oscillano tra baggy e boyfriend, una certezza ci conforta: il più perenne di tutti non è forse il modello a tubo? Comunque, sono senza dubbio i jeans preferiti dalle Parigine e i più facili da portare con tutto. Personalmente preferisco quelli a vita bassa ma, in questo campo, meglio che ognuna si conformi alla propria morfologia.

Di che colore?

* Azzurro-cielo, washed e brut: le tre tonalità di denim blu fatte per attraversare tutte le stagioni. Obbligatori anche un paio nero e uno bianco per il tocco d'allegria.

Come indossare il denim senza sbagliare?

* Con i jeans si rischia poco: sono come il sale, vanno con tutto!

Quando portare i jeans bianchi?

* Chi ha detto che i jeans bianchi sono un indumento estivo? Si consiglia vivamente di portarli d'inverno, con un maglioncino blu e le ballerine. Possono fungere anche da abito da sera: con una giacca di paillettes argentate potrebbero addirittura entrare all'Eliseo!

Il look vincente

Denim washed + giacca da smoking + derbies di vernice + foulard stampato.

Gli immortali

Per quanto riguarda i jeans, gli immortali sono quelli che più ci donano!

il blouson di pelle

L'effetto da ricercare

Quello di eliminare il look da nonna e ringiovanire un modo di vestire troppo convenzionale.

Come "tirarlo su"?

* Portarlo su un vestito di chiffon, per evitare l'effetto garden party.

* D'inverno sotto il cappotto, per aggiungere una sfumatura rock a un look troppo elegante. Ammesso far spuntare il pullover da sotto il blouson.

* Con una collana di perle. Decontestualizzare è vincente.

* Più è sciupato e più è bello. Dopo averlo comprato, tenetelo per parecchie notti sotto il materasso… oppure camminateci sopra prima d'indossarlo. Potete anche scegliere di comprarlo in un negozio di roba vintage, eviterete di dormire male.

Il fashion faux pas

→ Indossarlo con gli stivali da moto: non siamo mica Marlon Brando.

Il look vincente

Blouson marrone + denim bianco + top di seta + tacchi alti.

L'immortale

Il più aderente possibile, con giro manica piuttosto alto e due tasche applicate. Non è detto che lo troviate dove sperate. Il mio l'ho scovato ai saldi di Corinne Sarrut. Di cuoio marrone… la scelta giusta.

3. Sua Maestà l'accessorio

Visto che la Parigina ama uno chic impostato sui capi basici, il suo tocco personale si esprime negli accessori. Che sia alta o piccola, magra o rotondetta, l'accessorio è l' acquisto che dà meno problemi. Senza contare che se avete voglia d'investire negli accessori potete risparmiare sui vestiti – tanto non se ne accorge nessuno! L'importante è l'accessorio!

Lo show delle scarpe

Le donne proiettano molte delle loro fantasie sulle scarpe. Le scarpe sono un po' il simbolo di ciò che ogni donna vorrebbe essere, il che spiega come mai certune comprino scarpe che non metteranno mai. Si desiderano le scarpe come si desiderano le borse: pur possedendone molte, non si riesce a resistere al richiamo della novità. A parte il fatto che è fin troppo noto come un semplice paio di scarpe possa trasformare radicalmente un look.

da meditare

Meglio avere un solo paio di scarpe, ma belle!

A proposito dei tacchi

Molte credono di essere più belle con i tacchi alti, il che non è affatto vero. Dovrebbero chiedere il parere degli uomini. Nessun uomo vi dirà mai: « Ti amerei di più se fossi dieci centimetri più alta! ». Senza contare che spesso le donne sono incapaci di camminare sui tacchi alti. Niente di peggio di una ragazza che fa l'equilibrista! Se volete essere sexy, ricordatevi che essere sexy significa innanzitutto avere un passo felino, non traballante. Conosco donne finite con le stampelle per la smania di crescere in altezza, senza aver prima imparato ad ondeggiare dolcemente su un paio di trampoli. Allenatevi a casa!

Nella scarpiera della Parigina non possono mancare...

Le ballerine

Le E. Porselli, acquistabili a Milano (oppure da SAP, 106, rue de Longchamp, Parigi, 16e, e da APC www.apc.fr). Quando si è alte come me e non se ne può più di sentirsi dire, ogni volta che si mettono i tacchi: « Sei proprio sicura di averne bisogno? », si finisce per portare le ballerine piatte 24 ore su 24. Meno male che se ne trovano per tutte le occasioni! La regola è di portare di giorno quelle dorate e, di sera, le classiche di camoscio. Dai pantaloni ai vestiti, stanno bene con tutto. Se si dovesse possedere un solo paio di scarpe, è su di loro che bisognerebbe puntare.

I sandali effetto nudo

Come trascorrere un'estate senza? Per me sarebbe impossibile! La griffe mitica: Rondini, reperibile unicamente a Saint-Tropez oppure online su www.rondini.fr. Altra opzione: quelli griffati K. Jacques, anch'essi fabbricati a Saint-Tropez, tanto più che si trovano sia online www.kjacques.fr, sia a Parigi (16, rue Pavée, 4e. tel. 01 40270357). Ma una Parigina vi dirà che è sempre meglio andare a comprarli sul posto. Non dimentichiamoci che lo snobismo è una caratteristica molto parigina.

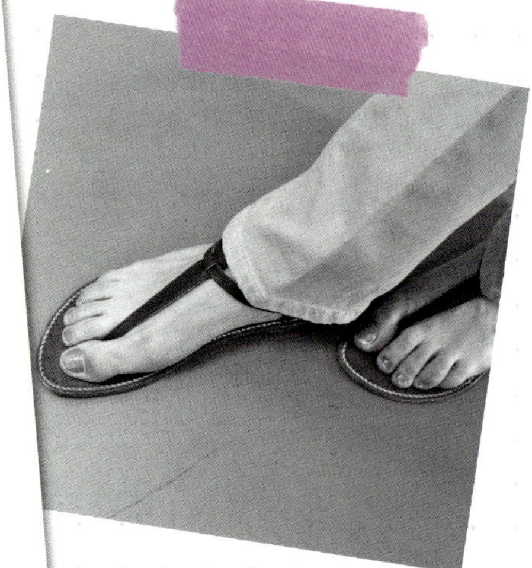

Le décolletées nere

Un solo paio può bastare tutta la vita. Un articolo su cui vale la pena di investire! Certo, in alcuni periodi andrà di moda la punta tonda e in altri quella aguzza: ma se si sceglie un modello ultraclassico (né troppo rotondo, né troppo appuntito) si potranno percorrere centinaia di chilometri senza ripassare dalla casella « boutique » per sostituirlo perché troppo fuori moda.

I mocassini

Un capo assolutamente fondamentale, ma da indossare con criterio se non si vuole cadere nel ridicolo del BCBG. Mai con una gonna a pieghe (ma dov'è, oggi, la ragazza che oserebbe mettersi una gonna a pieghe?). Si possono portare con dei calzini spessi e dei jeans alla caviglia. Senza dimenticare la monetina – un penny – da infilare sul davanti come portafortuna. La felicità è semplice come un mocassino!

Gli stivali da cavallerizza

Con una gonna, un vestito o, per le meno di 35 anni, con shorts e collant, sono l'equivalente invernale delle ballerine. Neri o marroni, per essere giusti devono sembrare dei veri stivali da equitazione. Conosciamo delle Parigine dai rigidi principi che li comprano nei negozi specializzati.

il look sta nella borsa!

→ La borsa è un elemento chiave del look di una Parigina. Quelle provviste di tasche per il cellulare e il rossetto, di un moschettone per attaccarci le chiavi e di una pila tascabile possono facilitarle la vita, mentre il borsone a secchiello dove tutto si mescola alla rinfusa e dove una gatta non ritroverebbe i suoi piccoli può rendergliela un inferno. Quindi è importante sceglierla con cura. La Parigina sceglie la borsa sull'impulso del momento, e non perché va di moda in quella stagione. Più che la « it bag », cerca soprattutto la « mythe bag ».

da meditare

Mille volte meglio un borsone di paglia che l'imitazione di una borsa griffata! Contraffazione = Antifashion!

*

È praticamente impossibile commettere un *fashion faux pas* nella scelta di una borsa (tranne che per lo zaino e il borsello da cintura). Dalla pelle stampata al rosso fiammante… tutto è possibile!

*

Abbinare il colore della borsa a quello delle scarpe è consentito solo sotto ai trenta. Dopo, fa invecchiare di dieci anni!

Cinque modelli da possedere

Il cabas mettitutto

L'amico di tutti i giorni. Comodo per infilarci dentro la pochette. Ottimo se la sera si deve uscire e non si ha il tempo di ripassare da casa: basta tirare fuori la pochette e lasciare il cabas in ufficio!

La pochette

L'irrinunciabile accessorio da sera… o da giorno, purché abbastanza grande e morbida. Tira su l'aspetto generale nel caso fossimo lievemente sottovestite, soprattutto se è in stile couture, con ricami, pietre o stoffa di lusso.

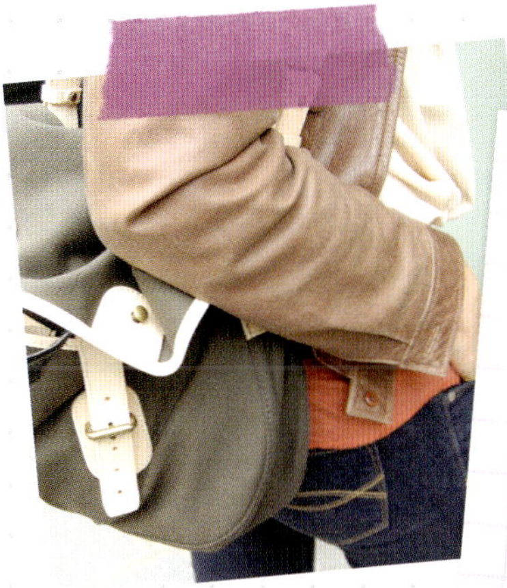

La bisaccia

Serve a dare un tocco casual e sfatare l'impressione di essere affetta da « it baghite ». Una bisaccia dura spesso tutta una vita...

La borsetta da signora

Bella rigida, di colore neutro (nero, beige, marrone), sfiderà il tempo alternando periodi più o meno fasti. La Parigina ama dire che la sua apparteneva alla nonna, quando sappiamo tutte che se l'è fatta fare da Hermès.

Il cestino di paglia

L'amico dell'estate, per il gusto di rifare la Bardot a Saint-Tropez. Le Parigine l'adoperano anche in città per sdrammatizzare la loro eleganza. Effetto « stile » assicurato.

Ingioiellarsi di luce

I diamanti 24 ore su 24

Chi mai è ancora convinto che i diamanti vadano portati solo di sera? Possiedo una rivière appartenuta a mia nonna. La porto di giorno su una t-shirt e quando me ne chiedono la provenienza, rispondo che è un'imitazione! Naturalmente mi capita anche di portare roba falsa. Oggi nessuno vede più la differenza.

da meditare

Non indossate tutti insieme l'anello di fidanzamento, quello per i dieci anni di matrimonio e il braccialetto a ciondoli per la nascita dei vostri quattro figli: il vostro gioiello più bello è la fede nuziale.

Preferite una tormalina di Marie-Hélène de Taillac o una labradorite d'Adelline, dal lusso raffinato e non ostentato. (www.mariehelenedetaillac.com).

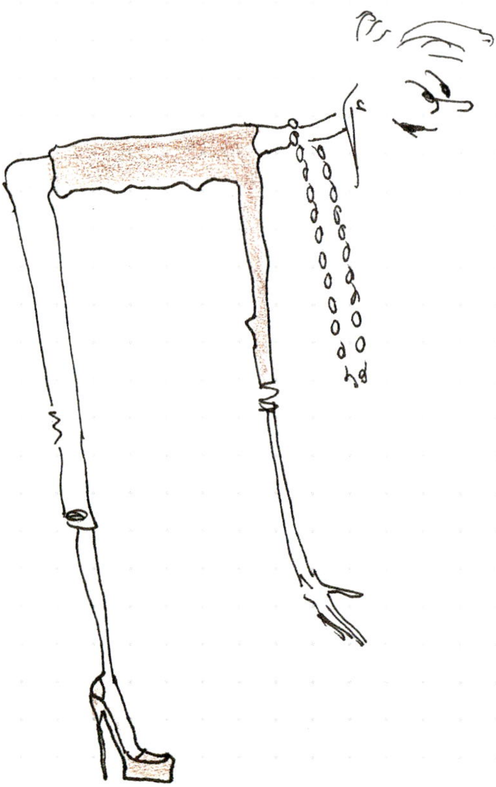

i cinque gioielli per fare colpo

Gli orecchini antichi

Non passano mai di moda, visto che risalgono già a un secolo fa. Di giorno o di sera, si adattano a qualsiasi stile, un po' come quelli alla creola.

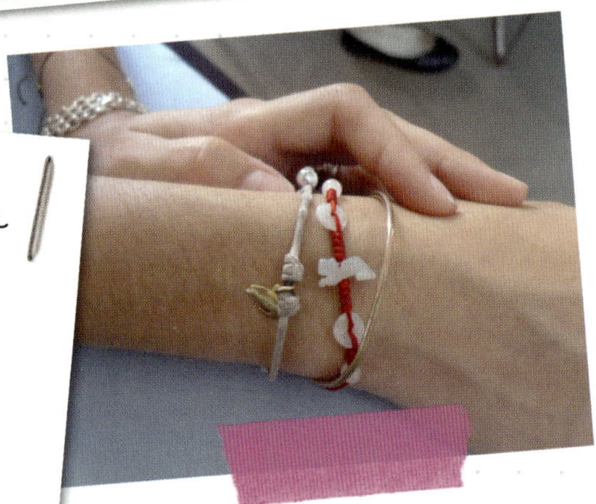

Il braccialetto portafortuna

Soprattutto se è di origine esotica e vi permette di dire alle amiche: « Ti darei volentieri l'indirizzo, ma me li ha portati un'amica dall'India ».

PROIBITO

Grossa collana + grossi orecchini: fanno albero di Natale! Se proprio volete tentare l'abbinamento, scegliete dei gioielli molto delicati e diversi tra loro.

L'orologio da uomo

Portato con un golf di cachemire, i jeans e le Converse fa molto sensuale. Abbinato alla giacca da smoking o al tubino nero, fa sexy.

L'anello con le pietre colorate

Gli anelli d'oro ravvivati da una pietra preziosa o semipreziosa sono gioielli senza età. Certe persone pensano che le pietre possiedano la capacità di migliorarci la vita: il calcedonio, per esempio, è noto per le sue proprietà calmanti; la citrina dà energia; la peridotite protegge dagli influssi negativi e regala un tocco di allegria. Portare i gioielli per avere una vita ancora più bella… *j'adore!*

Il bracciale a fascia

Indossarlo fa un po' l'effetto di una dichiarazione di stile. Un ottimo investimento potrebbe essere anche una sfilza di braccialetti a cerchio.

4. S.O.S. Moda

Cosa indossare, quando

Una cena improvvisata tra amici? Un matrimonio? Un week-end in campagna? È solo quando mancano poche ore all'evento che la Parigina si rende conto di dover compiere uno sforzo d'abbigliamento. Quali sono le astuzie per migliorare il proprio stile in cinque minuti d'orologio? Eccovi un dress code adatto ad ogni occasione.

La cena in città

L'ambiente

✱ Alcuni amici vi hanno invitata a cena in un ristorante fashion. Come essere alla moda senza averne l'aria?

Dress code

→ Pensate basico e, soprattutto, niente vestitino frou-frou. Se non siete certa dello stile vestimentario del ristorante (può trattarsi di un posto ultra chic o super trendy, con i ristoranti alla moda non si sa mai) attenetevi alla massima sobrietà. Quale potrebbe essere il tocco che fa la differenza? Le scarpe. Osate qualcosa di originale (un colore, dei tacchi vertiginosi, delle gemme). Se aveste sbagliato genere, potete sempre nasconderle sotto la tavola.

La serata con un potenziale fidanzato

L'ambiente

✱ Che si tratti di un « appuntamento al buio » o della prima uscita insieme, la vostra missione è una sola: sedurre.

Dress code

⟶ Il troppo ovvio irrita la Parigina. Scoprire il gioco fin dal primo appuntamento con una scollatura abissale e una micro-minigonna non è il suo genere. D'inverno, sarebbe perfino capace di optare per un maglione a collo alto. Una camicia da uomo bianca con dei pantaloni neri (che possono anche essere a mezza gamba per chi cerca il tocco umoristico) e delle scarpe low profile permetteranno al vostro candidato di concentrarsi su quello che dite. Biancheria? Devo riconoscere che un push-up può essere d'aiuto… a condizione, ovviamente, che non si veda!

il ballo jet-set

L'ambiente

✱ È chiaro che vivendo a Parigi si hanno più occasioni di essere invitate a una serata del jet-set. Ma nessuno è al riparo da una cugina che, al suo matrimonio in provincia, vuole invitati in smoking e in abito lungo.

Dress code

⟶ Evitate il colore di stagione se non avete altre mille occasioni per indossarlo. Visto che vantiamo incessantemente i pregi del tubino nero, ci sentiamo di incoraggiarlo caldamente, ma in versione lunga. Il segreto per renderlo più divertente? Legarsi alla vita un nastro colorato (la Parigina li compra da Mokuba, 18, rue Montmartre, 1er. tel. +33 (0) 1 40 13 81 41). Si consigliano i tacchi alti, ma volendo potete anche restare raso terra… nessuno troverà da ridire!

il cocktail

week end in campagna

L'ambiente

✱ La Parigina viene spesso invitata in campagna per il week-end. Come fare a non avere l'aria di una cocotte finita per sbaglio tra i campi?

Dress code

→ Eliminare ogni connotazione alla moda. Lasciare a casa la « it bag » e sostituirla con un cestino di paglia, un cabas di cotone o anche una bisaccia. Riporre le ballerine e tirare fuori le Converse, togliersi i gioielli lasciando solo un orologio da uomo. E puntare sui basici (canottiera, pantaloni kaki, t-shirt). Unico capo autorizzato: la marinière a righe. Soprattutto se la campagna non è lontana dal mare!

L'ambiente

✱ Ogni Parigina è stata, almeno una volta nella vita, invitata al cocktail di una galleria d'arte, a un premio letterario o al vernissage di una boutique.

Dress code

→ È il momento di tirare fuori la giacca da smoking (da mettere sui pantaloni neri, sui jeans bianchi o sui jeans scoloriti) e aggiungervi un accessorio vistoso (pochette fluorescente, grandi orecchini, megabraccialetto a fascia). L'obiettivo: fondersi con ogni genere di ambiente arty. Per l'occasione si può anche riesumare il tubino nero.
La lunghezza giusta? Al ginocchio, o appena sotto. Le under 40 possono anche azzardare la mini, è sempre carina.

Un viaggio in aereo

Non prendetelo sottogamba: alla Parigina piace essere vestita giusta anche all'aeroporto. Anche se non sarà paparazzata come le star che arrivano a Los Angeles con il cuscino sottobraccio, deve sempre mantenere il rango di ragazza *stylée*. Ecco la chek-list per volare chic:

- Per i voli lunghi, indossare pantaloni a vita bassa, in tessuto morbido e sottile, tipo tuta da jogging (se ne trovano sempre da Zara). Mai gonne o vestiti!
- Fondamentale, un grosso pullover caldo. Sotto, sovrapponete un capo sull'altro (dalla canottiera alla t-shirt a manica lunga), in modo da sfogliarvi a cipolla una volta arrivate a destinazione.
- Una crema idratante, uno stick per le labbra e il collirio per gli occhi… L'importante è re-i-dra-tar-si.
- Dei calzini da infilare una volta tolte le scarpe.
- Delle scarpe da ginnastica (per me il top sono le Converse). Evitate come la peste le scarpe col tacco o gli stivali: una volta che ve li sarete tolti per dormire, non riuscirete più a rinfilarli… e scenderete dall'aereo con le scarpe in mano!
- Un borsone tipo cabas per trasportare libri, riviste e laptop.
- La Parigina ama avere l'aria leggera: preferisce due valigie piccole con le ruote a una grande (e pesante) che spezza la schiena. Comunque sia, bisogna resistere alla tentazione di portarsi dietro l'intero guardaroba! Lasciamolo fare alle attrici che vanno a Cannes e devono poter scegliere, ma diventa ridicolo se si va a poltrire due giorni sulla spiaggia. Per quanto riguarda il colore della valigia (sì, sì: niente va lasciato al caso), col nero si va sul sicuro. Evitate quindi di comprarvi la valigia stampata a palme col pretesto che sul nastro trasportatore « la si riconosce subito ».

5. Fashion botox

Un vestito con l'imprimé sbagliato rischia di relegarvi nella categoria nonna! Meglio scegliere un look ringiovanente: fa lo stesso effetto delle iniezioni antirughe ed è molto più divertente. Come si fa a ringiovanire il proprio stile? Le soluzioni delle Parigine.

Cambiare stile

A una certa età, bisogna fare attenzione a non restare aggrappate al proprio stile abituale: è questo, soprattutto, che vi fa invecchiare, ed è anche il principale pericolo per chi, arrivata ai 40, continua ad arroccarsi ai 30. Si esce dal favoloso decennio in cui si comincia a stare bene con sé stesse, in cui tutto ci dona, tutto è possibile, la vita è piena di cose appassionanti - lavoro, amore, figli - , in cui ci si sente giovani e nello stesso tempo mature… e si vorrebbe non finisse mai. Comunque sia, non si ha il tempo di pensare!

A 40 anni, ecco affacciarsi all'improvviso una domanda vagamente surreale: « Posso ancora permettermelo? » e, più che cercare di rispondervi, ci si stupisce di essersela posta. In effetti è un po' troppo presto… comunque, meglio presto che mai! Tanto per cominciare, non restate disperatamente attaccate a tutto quello che vi stava così bene a 30 anni. Siamo cambiate noi, sono cambiate l'epoca e anche la moda. Nessuno vi contesta il diritto di rivendicare un vostro stile personale: ma la noia, la mancanza d'interesse per le novità, l'assenza di desiderio, l'abitudine, la paura del cambiamento o dell'errore… questo MAI!

Bisogna rassegnarsi a commettere qualche errore. Capita a tutte di sbagliare un acquisto: è il segno (tutto sommato incoraggiante) che sogniamo di essere diverse! Perdere la voglia di vestirsi e di truccarsi è un sintomo di depressione. Quando s'invecchia, bisogna saper modificare il proprio look: non tanto nel senso di cambiare, quanto in quello di evolversi.

Regola d'oro #1

Mai seguire le convenzioni

*

Mai essere leziose

*

Mai trascurarsi

Regola d'oro #2

Trovare sempre l'accessorio che trasformi il vostro look e dia l'impressione che « la vecchia guardia non si arrende ».

Esempio personale

Di solito mi vesto di blu marine, di nero e di camicette bianche, ma ogni tanto riesco a spiazzare la gente indossando una camicetta fucsia. Risultato: nessuno cerca più di conoscere la mia età!

I Fashion faux pas per le + di 50 anni

La tunica stampata in stile etnico e i vestiti in batik africano: passata una certa età, fanno l'effetto di travestimenti.

I cliché BCBG (filo di perle + orecchini). Inutile spiegare il perché.

La pelliccia. Si fa presto a sembrare Crudelia De Mon. Oltre che sottolineare la ricchezza di vostro marito, vi invecchia di dieci anni.

I grossi orecchini a clip. Se non avete le orecchie bucate, meglio puntare su una collana.

I colori fluorescenti. Troppo targati « per ragazzine ».

La minigonna e i micro-shorts. È un po' come continuare a usare il biberon dopo i quattro anni.

Coltivare la curiosità

* Ottimo sistema per mantenersi giovani. Cercare nuove griffes, provare nuovi tagli di pantaloni, inerpicarsi sulle zeppe. Osare, anche a costo di finire in un *fashion faux pas*!

Vendere su ebay la borsa di coccodrillo

Non seguite ciecamente le tendenze

* Tipico errore da principiante. Tenetevi al corrente delle tendenze del momento, ma seguite le più soft: il grigio, i pantaloni a gamba larga, il caban… e dimenticatevi lo scozzese, i jeans strappati e gli stivali a metà coscia chiodati.

Mixare sempre chic e cheap

* Passati i 40, troppo chic può risultare fatale.

Mai tentare lo stile teenager

* Tipo minigonne, t-shirt con stampe spiritose ecc. Fa « signora anziana che vuole restare giovane ».

Non sentirsi costrette a comprare capi divertenti

✱ Un bel pulloverino giro collo può essere un must nel guardaroba di una quinquagenaria: portato con i jeans e una collana lunga, risulterà elegante senza essere noioso.

I mocassini e le ballerine stanno bene a tutte

✱ Come pure le scarpe da ginnastica (la Parigina ha un vero e proprio culto per le Converse) che conferiscono un lato simpatico e, diciamo pure, politico, a una donna di 50 anni.

Avere il coraggio di stupire

✱ Di sera, indossate un blouson al posto del blazer. Con l'abito di chiffon, preferite le ballerine alle scarpe col tacco. Appuntate la broche su un fianco invece che sul risvolto della giacca, oppure sostituitela con un badge.

Vestirsi ascoltando

Dead Flowers dei Rolling Stones.

Non cadere nei clichés

Non sono soltanto i vestiti a invecchiarvi

✱ Dire che Twitter è una boiata, che non sapete adoperare un lettore MP3 e che l'iPad non v'interessa può spedirvi difilato alla casella « nonna »!

Cambiare spesso i gioielli

✱ ...anche se è solo per mettervi uno scoobydoo!

6. Fashion faux pas!

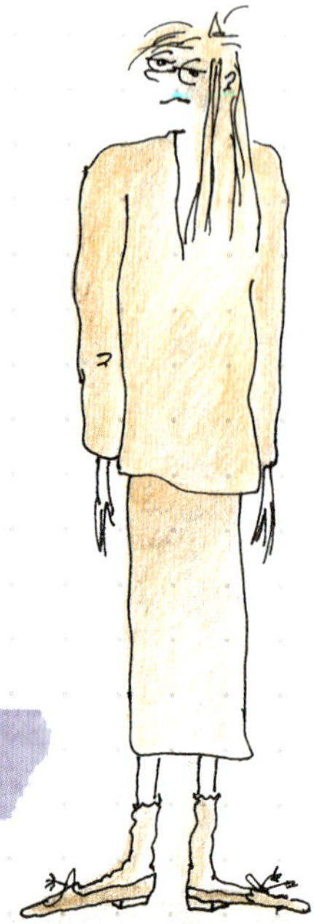

La moda cambia ad ogni stagione.
Per un anno riesci a evitare la gonna-pantalone, e l'anno dopo te ne ritrovi una per colore.
Lo stesso dicasi per la salopette, i maglioni norvegesi e gli stivali a metà coscia.
In queste condizioni non è facile catalogare rigorosamente i *fashion faux pas*. Sta di fatto che alcuni look, qualunque siano le tendenze, restano comunque poco lusinghieri.
Eccovi il best of degli errori di stile secondo la Parigina.

La biancheria

✱ *Il reggiseno con le bretelle trasparenti.*
Impossibile farci l'abitudine. Non è più sexy lasciare intravedere il reggiseno, oppure, se proprio si vuole indossare un vestito senza spalline, indossare appunto un reggiseno senza spalline?

✱ *I tanga con i jeans a vita bassa.*
Uno dei misteri della moda.

✱ *Le giarrettiere in vista.*
A meno che non lavoriate al Crazy Horse!

✱ Qualunque sia la vostra taglia di petto, *è sempre sbagliato non indossare il reggiseno.*

I gioielli

✱ *No alla collana + orecchini* — Il troppo stroppia, come gli anelli a ogni dito. Quanto poi all'accumulo braccialetto + anello + orologio + orecchini + collana: no, no, e poi no! Neanche a Natale!

✱ Non credo di rischiare molto se dico che *l'anello da foulard va bandito.*

✱ *I body piercing.*
Troppo targati: « no future ».

il costume da bagno

✱ Il bikini troppo sexy in lurex e paillettes.
Molto meglio la mutandina stile James Bond Girl portata da Ursula Andress in *Agente 007, licenza di uccidere*.

✱ Il costume pieno di strappi o di tagli complicati.
Capirete il perché quando ve lo toglierete dopo una giornata al sole.

✱ La mutandina del bikini che non arriva a coprire le natiche.
Una Parigina si depila alla brasiliana, ma non porta mai i bikini di una Carioca.

Gli accessori

✱ Gli stivali bianchi con le frange. Nel ramo cow girl si può fare di meglio.

✱ Il fermaglio tra i capelli: fa troppo piccola cara.

✱ Il borsello alla vita (in inglese: funny pack). Anche se certi stilisti ne incoraggiano il ritorno, è troppo pratico per essere carino. Da bandire in qualunque stagione e più che mai se siete turiste!

✱ Le infradito di plastica e i sandali da piscina, che riescono a distruggere perfino un look relax.

✱ I calzini bianchi con i sandali. Se siete un'attrice americana di New York che interpreta un film d'autore, passi. Ma a Parigi è praticamente proibito!

✱ Assortire il colore dei collants con le scarpe e la borsa: categoricamente vietato.

✱ Lo zaino: non siete più alle medie.

✱ Il berretto da baseball portato a rovescio. E già che ci siamo… siete proprio sicure che il berretto da baseball sia una buona idea? Non sarebbero meglio un berretto da marinaio o un cappello di paglia…

il vestiario

* *La camicetta striminzita che tira sul petto* (troppo abbondante). Sceglietene una più comoda e non chiudetela fino in cima se non volete fare esplodere i bottoni.

* *I leggings*: difficile che donino veramente.

* *Il completo di pelle.* Anche se la pelle va di moda, anche se Angelina Jolie ha osato portarlo, anche se si vedono in tutti i negozi. Puntate magari sulla giacca o sui pantaloni, ma non su tutti e due insieme. Fa troppo showbiz.

* *La t-shirt di rete.* A parte Madonna in *Cercasi Susan disperatamente*, non si sa davvero a chi possa donare un look del genere.

* *Le t-shirt troppo corte.* Esibire l'ombelico fuori della spiaggia non è il massimo dell'eleganza. È una questione di proporzioni.

* *L'abito maculato con scollatura abissale.* Il troppo sexy uccide il sexy.

* *Le camicie da notte con i disegnini infantili.* Mai visto un uomo sedotto da una camicina Hello Kitty!

* *I pantaloni trasparenti.* A che diavolo serve mettersi i pantaloni, se lasciano vedere tutto?

* *Le t-shirt con i messaggini spiritosi* tipo « Il mio ragazzo è fuori città » o « Cerco un marito ricco ». Devo davvero spiegarvi perché?

* *Mescolare troppi materiali diversi*: satin + velluto + chiffon + tweed = overdose tessile.

7. Indirizzi alla moda

Shopping a Parigi... e online

Non dovete credere che la Parigina trascorra il suo tempo in avenue Montaigne! Dior, Chanel, Louis Vuitton, Yves Saint Laurent, Hermès, Céline e tutte le principali ditte del savoir-faire francese fanno indubbiamente parte del suo patrimonio-moda, ma ciò non le impedisce di fare shopping anche fuori dai sentieri del lusso.

Piccole boutiques simpatiche, griffes in voga e luoghi mitici: ecco i miei indirizzi preferiti.

Sœur

La storia

✱ Creata da due sorelle, la boutique era in origine destinata alle ragazzine. Domitille e Angélique Brion hanno fatto centro con questa simpaticissima griffe.

Lo stile

✱ Chi ha detto che sia riservata alle ragazzine? Le mie figlie ci trovano sempre lo short, la t-shirt o il vestito giusti; ma nella taglia 16 anni trovo anch'io delle cosine che mi piacciono: una camicetta di cotone e un pullover basico, ma con un tocco *charmant* che permette di indossarli un anno dopo l'altro. Osare entrare nelle boutiques non fatte apposta per lei fa parte dello stile della Parigina.

Il must-have

→ Tutti gli abitini tipo tunica.

Il regalo da offrire

→ Il foulard stampato a fiorellini con il nome della ditta: perfetto dai 7 ai 77 anni.

88, rue Bonaparte, 6e
Tel. +33 (0)1 46 34 19 33
5, rue Pierre Guérin, 16e
Tel. +33 (0)1 45 25 73 04
www.soeur-online.fr

LA FRASE FATIDICA

« Shhhh! Non date a nessuno l'indirizzo, voglio tenerlo segreto! »

Vanessa Bruno

La frase fatidica

« Come si chiama quel bel film che proiettate nella boutique? Ah... è la vostra campagna pubblicitaria? »

Lo stile

✱ Femminile-romantico. Tonalità tenui, tagli fluidi, drappeggi favolosi. E ogni capo ha un tocco iper creativo. Si vede che è una griffe disegnata da una donna che ama i vestiti in cui sentirsi a proprio agio. Anche la biancheria merita d'essere provata. Da tener presente la linea Vanessa Bruno Athé, meno cara e un po' più casual della linea principale.

Il must-have

→ Il cabas a paillettes è da anni la star della boutique, ma ad ogni stagione c'è una nuova borsa che diventa un classico. Le scarpe con il tacco sono sempre comodissime.

25, rue Saint-Sulpice, 6e
Tel. +33 (0)1 43 54 41 04
www.vanessabruno.fr

APC

LA FRASE FATIDICA

« Certo che i miei jeans sono di APC, ma io ci vado soprattutto per le candele e i dischi ».

Il must-have

→ I jeans *brut* perfettamente dritti. Un vero basico. Che gli si facciano i risvolti o lo si porti tale e quale, è il VIP di APC.

Lo stile

★ Ultra-basico, ma immortale. Pullover scollato a V, tubino, borsa, pantaloni… ogni Parigina ha nell'armadio almeno un capo APC. Naturalmente, ad ogni nuova stagione è in arrivo una nuova scorta di abiti all'ultima moda. Da qualche tempo ci si trovano anche le ballerine Porselli.

38, rue Madame, 6ᵉ
Tel. +33 (0)1 42 22 12 77 e
112, rue Vieille-du-Temple, 3ᵉ
Tel. +33 (0)1 42 78 18 02
www.apc.fr

Isabel Marant

La frase fatidica

« Isabel non piace solo alle Parigine: questa stagione Eva Herzigova ed Elle MacPherson hanno comprato l'intera collezione! »

Lo stile

✱ Isabel ha impostato il suo successo sull'etnico-chic. Tuniche ricamate, pantaloni cascanti, vestiti ampi… nei capi Marant si sta a proprio agio. Può vantarsi d'aver trovato lo stile che si adatta alla perfezione alla Parigina: un abbigliamento di qualità, senza logo, non necessariamente fuori prezzo e comodo come un paio di jeans.

Il must-have

→ Una camicia. Ad ogni stagione hanno dei nuovi dettagli che le rendono uniche.

1, rue Jacob, 6e
Tel. +33 (0)1 43 26 04 12
47, rue Saintonge, 3e
Tel. +33 (0)1 42 78 19 24
www.isabelmarant.tm.fr

Maje, Sandro, e Ba&sh

LA FRASE FATIDICA

« Ma la giacca che hai addosso è un Balenciaga o un Maje/Sandro/Ba&Sh?»

Lo stile

Lo sport preferito delle Parigine è snidare gli abiti-tendenza a basso prezzo. A parte H&M e Zara, non mancano mai di passare da una di queste tre boutiques sempre provviste di capi di tendenza. Se vanno di moda le giacche con spalline, ce le troverete senz'altro, come pure il pullover con le paillettes o gli shorts in denim. Queste boutiques hanno la caratteristica di moltiplicarsi a Parigi e altrove a velocità supersonica: ognuna ha le sue personali variazioni stilistiche, ma la tendenza generale è sempre la stessa… quella della stagione!

Maje: → Rock chic
24, rue Saint-Sulpice, 6e
www.maje-paris.fr

Sandro: → Urban glam
47, rue des Francs-Bourgeois, 4e
www.sandro-paris.com

Ba&sh: → Easy chic
83, rue d'Assas, 6e
Tel. +33 (0)1 46 34 74 09
www.ba-sh.com

Éric Bompard

Lo stile

✱ Cachemire, cachemire e cachemire. Inverno o estate, è la specialità della casa. Niente follie creative: i pullover sono ultra-semplici e ben tagliati, esattamente quello che ci vuole per costruire la base del guardaroba.

La frase fatidica

« il cachemire Bompard: una capra baciata dal successo! »

Il must-have

→ Il pull scollato a V: un Vero Valore.

91, avenue des Champs-Élysées, 8e
www.ericbompard.com

Petit Bateau

La frase fatidica

« Le mie mutandine Petit Bateau ? Inaffondabili! »

Lo stile

✱ Poche ditte possono vantarsi di esistere dal 1893! È la marca dell'infanzia. Le mutandine di cotone Petit Bateau sono una specie di madeleine proustiana: non c'è piccola Parigina che prima o poi non le abbia portate. Oggi la collezione include anche il pre-maman e gli adulti: basta cercare le taglie per i 18-20 anni. Bel colpo, farci credere di poterci vestire come se avessimo 20 anni!

Il must-have

→ La canottiera, parte fondante del patrimonio Petit Bateau.

116, avenue des Champs-Élysées, 8e
Tel. +33 (0)1 40 74 02 03
www.petit-bateau.fr

Liwan

La frase fatidica

« La simpatica proprietaria, che ha una pelle meravigliosa, usa il sapone d'Aleppo del negozio. Ne ho comprati subito 7! »

Lo stile

Si viene accolti con tale calore che vi si indugia a lungo. Dalle grandi tuniche ai tessuti, passando per i gioielli e gli oggetti decorativi che danno carattere a un ambiente neutro, tutto è di un gusto squisito. Quand'ero incinta, d'estate portavo i loro camicioni di lino: divini!

Il must-have

I sandali aperti di cuoio in tutti i colori, e le cinture.

8, rue Saint-Sulpice, 6e
Tel. +33 (0)1 43 26 07 40

Keratin Adolphaon

Lo stile

✱ Una boutique svedese dove tutto viene dal Nord. Dagli zoccoli, star della scorsa estate, ai maglioni pesanti che saranno le star del prossimo inverno, ogni stagione porta sempre qualcosa di irresistibile.

La frase fatidica

« L'etnico venuto dal freddo ».

Il must-have

→ La borsa da postino in cuoio naturale. Quando la indosso, non si contano le ragazze che mi fermano per strada per chiedermi dove l'ho trovata. Sfida il tempo, assumendo una bella patina.

157, boulevard Saint-Germain, 6e
Tel. +33 (0)1 45 48 00 14
www.kerstin-adolphson.c.la

Swildens

LA FRASE FATIDICA

« L'ho trovato da Juliette! » (Juliette Swildens, la stilista).

Lo stile

✱ Romantico-rock, con una forte dose di fashion. Impossibile capire come funzioni la magia, fatto sta che ad ogni stagione Swildens ha dei capi che fanno voglia a tutte! Quando imperava la follia del gilet di pelliccia, Swildens ce l'aveva foderato a stelle, e tutte lo volevano. Lo stesso per gli stampati floreali e i foulards vintage.

Il must-have

→ Ho perso il conto delle ragazze che mi hanno detto: « Questo blouson di pelle? L'ho preso da Swildens! »

16, rue de Turenne, 4e
Tel. +33 (0)1 42 71 12 20
www.swildens.fr

Journal Standard de Luxe

Lo stile

* Il tempio di quello che si potrebbe definire « il miserabilismo di lusso ». La collezione comprende indumenti giapponesi vagamente « roots »: pullover oversize di cachemire, tuniche di pashmina, gonne di lana cotta, corpetti d'ispirazione vintage. Li voglio tutti: mi piace il loro aspetto obsoleto, la nobiltà dei materiali e l'aria da gentildonna di campagna che conferiscono a chi li indossa. Una raffinata selezione operata da una deliziosa giapponese. Niente di luccicante (siamo nel tempio dell'anti-bling), ma tutto molto attraente.

La frase fatidica

« Quello che è certo, è che ti durerà una vita. Farà prima a scolorirsi la tua carta Visa che il pullover che hai appena comprato. »

Il must-have

→ Gli ampi maglioni di materiali diversi non passano mai di moda.

Jardins du Palais Royal,
11–12, galerie de Montpensier, 1er
Tel. +33 (0)1 40 20 90 83
Il sito è giapponese, ma ordinare è facile:
www.journal-standard.jp

Marie-Hélène de Taillac

Lo stile

✱ Entrando nella boutique si sente spesso dire: « Non sono abituata a portare gioielli preziosi! ». Fin dalla sua prima collezione, nel 1996, Marie-Hélène de Taillac ha sempre fatto venire la voglia d'indossare ogni giorno dei gioielli veri ma che non sembrino tirati fuori dalla cassaforte per esibirli all'Opéra. Semplici ed incredibilmente raffinati, questi gioielli di pietre preziose, o semi-preziose, hanno un tocco vagamente indiano: logico, visto che è a Jaipur che Marie-Hélène crea questi tesori genere bohème di lusso, con pietre colorate che mettono addosso il buonumore.

La frase fatidica

« Lo sapevi che Marie-Hélène ha una boutique a Jaipur? »

Il must-have

→ È veramente dura sceglierne uno solo! Mi piacciono l'anello a cabochon e quello Frivole, con la pietra che ruota.

8, rue de Tournon, 6e
Tel. +33 (0)1 44 27 07 07
Per ordinare online clicca su *chez toi*:
www.mariehelenedetaillac.com

MHT

Adelline

Lo stile

✱ In una boutique-scrigno, i gioielli di Adelline sono dei tesori minimalisti uno più desiderabile dell'altro e che viene voglia di collezionare. Adelline si ispira al Gem Palace di Jaipur e infatti i piccoli orecchini, le lunghe collane sautoir, gli anelli e i braccialetti con pietre cabochon hanno qualcosa d'indiano e sembrano tutti avere una storia.

Il must-have

→ Troppo difficile sceglierne uno solo… Tutti gli anelli con pietre colorate, messi lì come caramelle. Il braccialetto d'oro chiuso da una pietra a testa di serpente ci cattura a prima vista.

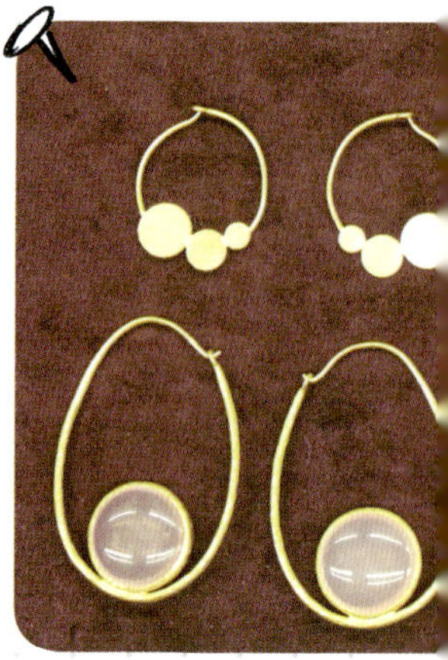

54, rue Jacob, 6e
Tel. +33 (0)1 47 03 07 18

LA FRASE FATIDICA

« Mandaci tuo marito: per quanto cattivo gusto abbia, non ci troverà mai niente di brutto! »

White Bird

La frase fatidica

« i gioielli non sono mai troppi! »

Lo stile

Questa boutique riunisce tutti i creatori di gioielli in voga, ossia quelli che escono dai sentieri battuti della gioielleria tradizionale. Un pezzo scovato da White Bird vi innalza automaticamente al rango di « ragazza occhiuta nel trend gioielli ».

Il must-have

→ I grossi anelli di Pippa Small, come, appunto, dice il nome…

38 rue du Mont-Thabor, Ier
Tél. +33 (0)1 58 62 25 86
www.whitebirdjewellery.com

Dinh Van

LA FRASE FATIDICA

« Mia madre porta il suo braccialetto Dinh Van da 30 anni, dimmi tu se non è un buon investimento! »

Lo stile

✱ Più minimalista e delicato di così, si muore! I Dinh Van sono gioielli per tutti i giorni e le Parigine che rifuggono dal bling ne vanno pazze!

Il must-have

→ Il semplicissimo braccialetto Jonc e quello di corda con fermaglio in oro.

16, rue de la Paix, 2e
Tel. +33 (0)1 42 61 74 49
www.dinhvan.com

Emmanuelle Zysman

LA FRASE FATIDICA

« Che fortuna, sono riuscita a procurarmi il suo braccialetto Lucky link! Per forza, è un gioiello troppo irresistibile! »

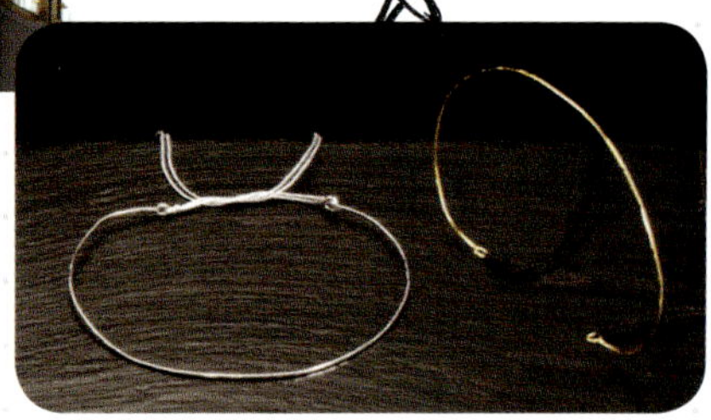

Lo stile

✱ Una boutique tutta nera, con gioielli delicati e bellissimi esposti sotto campane di vetro. Anelli con pietre così sottili che sembrano uscite da un tesoro consumato dal tempo, bracciali gypsy in labradorite o spinello nero, girocolli con diamanti… adorabili!

Il must-have

→ Il braccialetto martellato in vermeil, chiuso con un laccio di cotone. Ogni volta che lo indossate, la gente vi chiederà invariabilmente: « Carino! Di chi è? ».

81, rue des Martyrs, 18ᵉ
Tel. +33 (0)1 42 52 01 00,
33, rue de Grenelle, 7ᵉ
Tel. +33 (0)1 42 22 05 07
www.emmanuellezysman.fr

LeTéo & Blet

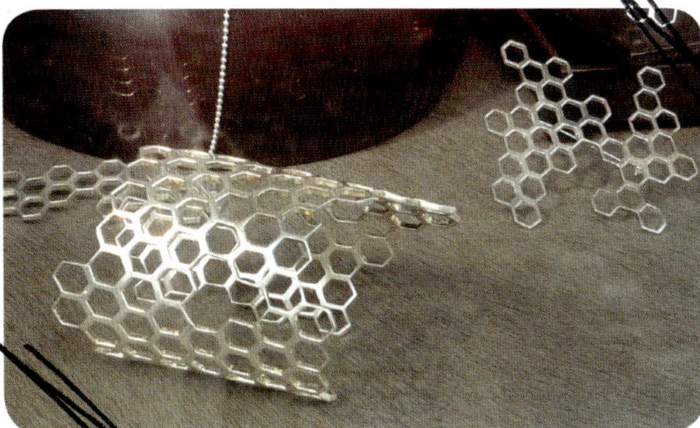

LA FRASE FATIDICA

« Tutto ciò che è disegnato da un architetto è sempre perfettamente strutturato! »

Lo stile

Architetti d'interni, designers e consulenti artistici, Catherine Le Théo e Thierry Blet hanno la creatività nel sangue. Si sono lanciati nella gioielleria nel 2006. Ognuna delle loro collezioni racconta una storia. Gioielli in oro e in argento, dalle forme geometriche e artistiche.

Il must-have

Trattandosi di pezzi unici, è tutto un must. Anche la boutique, con la sua bella vetrata, è un must-see.

23, rue St-Sulpice, 6e
Tel. +33 (0)1 43 37 86 84
www.leteoblet.com

Jeanne Danjou et Rousselet

Lo stile

✱ Basta entrare in questa boutique con vista sul Pont Neuf per capire che buona parte della storia di Parigi si è svolta in questa famiglia di creatori di gioielli dal 1920. Qui si parla di perle de Sévigné, si trovano orecchini dall'aria antica e bellissimi sautoirs a prezzi abbordabili. La boutique compra anche gioielli in oro ed esegue ogni sorta di riparazione, compresi i rifacimenti.

Il must-have

→ Le collane fatte con palline di cotone o di cartapesta, leggere come una piuma.

15, place du Pont-Neuf, 1er
Tel. +33 (0)1 43 54 99 32
www.maisonrousselet.com

LA FRASE FATIDICA

« Mistinguette veniva a ordinarci i gioielli, quindi è un indirizzo da gente famosa! »

Jérôme Dreyfuss

La frase fatidica

« Jerôme? Lo conosco da una vita! Nel 1998 aveva una collezione chiamata "couture à porter" e nel 2002 faceva lo stilista per la promozione mondiale dell'album di Michael Jackson. Un vero re della fashion! »

Lo stile

✱ Ultra-morbide, super-pratiche e con volumi assolutamente perfetti, le borse di Jerôme, ecco un capo indispensabile. Sono piene di invenzioni, come il gancio per attaccare le chiavi o la pila tascabile per frugarci dentro quando fa buio. Portano ognuna un nome d'uomo: vederle e innamorarsene è tutt'uno! Vere borse da tutti i giorni, con stampato sopra *agricouture*, visto che Jerôme lavora con artigiani che privilegiano la conciatura naturale. Non solo belle, ma anche bio!

Il must-have

→ La donna che non ha ancora una Billy non ha capito niente!

1, rue Jacob, 6e
Tel. +33 (0)1 43 54 70 93
(per la linea lusso):
11, rue de l'Échaudé, 6e
Tel. +33 (0)1 56 24 46 75
www.jerome-dreyfuss.com

Neaaim Attal

LA FRASE FATIDICA

« E dire che certa gente va fino a Saint-Tropez per comprarsene un paio! »

Lo stile

In questa calzoleria, il proprietario vi propone di realizzare dei sandali aperti su misura, nel cuoio che preferite. Va bene anche per bambini che scelgono di farsi fare degli *spartiates* rosa fluorescente. In primavera il negozio viene preso d'assalto e la lista d'attesa si allunga a vista d'occhio. Meglio ordinare i sandali in dicembre.

Il must-have

→ Il must lo decidete voi, scegliendo quello che più vi piace.

122, rue d'Assas, 6e
Tel. +33 (0)1 46 34 52 33

Minuit moins 7

Lo stile

✱ Farsi riparare le scarpe di lusso da un vero professionista che lavora con in migliori calzolai e che, soprattutto, può sostituire la suola rossa delle vostre Louboutin consumate con una nuova suola rossa approvata da Louboutin in persona. Un indirizzo quanto mai parigino, destinato a diventare il luogo d'incontro delle americane innamorate della *red sole*.

La frase fatidica

«Cercherò di riprendere la sua lucidatura fait maison!»

10, passage Véro-Dodat, 1er
Tel. (anche per ordinazioni)
+33 (0)1 42 21 15 47
cordonnerie@minuitmoins7.fr

58 m

Lo stile

✱ Chic, roots e rock'n'roll: così si definisce la boutique 58 m, che propone scarpe e borse di varie griffes. Jerôme Dreyfuss, Avril Gau, K, Jacques, Lanvin e Alexis Mabille… una selezione perfetta.

La frase fatidica

« Stanotte farò shopping sul loro sito. Ordinare un paio di scarpe a mezzanotte fa tanto XXI secolo! »

Il must-have

→ Una borsa o un paio di scarpe griffati Tila March, il piccolo brand creato dalla redattrice di moda di Elle, Tamara Taichman: un successo folgorante.

58, rue Montmartre, 2e
Tel. +33 (0)1 40 26 61 01
www.58m.fr

Roger Vivier

Lo stile

✶ « Le cose belle stanno sempre bene insieme » diceva il maestro (Roger Vivier). Il classico e l'avanguardia vanno a braccetto. La ballerina con fibbia attraversa le tendenze con uno stile degno della regina d'Inghilterra, per la quale Vivier aveva creato le scarpe dell'incoronazione. Vivier è la mia *home sweet home*...

Il must-have

→ Le ballerine con la fibbia stanno bene a tutte. Si portano 24 ore su 24, con vestiti o pantaloni. Un classico dello chic!

29, rue du Faubourg Saint-Honoré, 8[e]
Tel. +33 (0)1 53 43 00 85
www.rogervivier.com

LA FRASE FATIDICA

« Vorrei le scarpe di Catherine Deneuve. No, non quelle che portava in *Bella di giorno*: quelle disegnate da lei per Roger Vivier! »

Upla

La frase fatidica

« Sono indecisa tra la bisaccia kaki e quella blu... Le prendo entrambe! »

Lo stile

✱ Borse casual che danno un'aria da liceale. La gente crede che si tratti di una marca inglese, mentre è stata creata nel 1973 a Parigi, nel quartiere delle Halles.

Il must-have

→ La bisaccia da pescatore disponibile in tutti i colori.

5, rue Saint-Benoît, 6e
Tel. +33 (0)1 40 15 10 75
www.upla.fr

E.B. Meyrowitz

LA FRASE FATIDICA

« Non c'è bisogno d'occhiali per vedere che si viene accolti con cordialità e competenza! Niente a che fare con i supermercati delle montature che si trovano ad ogni angolo di strada. »

Lo stile

La haute couture dell'occhiale, visto che E.B. Meyrowitz realizza modelli su misura! Vicina a place Vendôme, questa boutique, aperta nel 1922, propone modelli esclusivi e di gran stile, come gli Slack di Olivier Lapidus disegnati in esclusiva per il negozio.

Il must-have

L'astuccio d'acciaio con il logo della casa. Talmente apprezzato che, per averlo, bisogna iscriversi su una lista d'attesa. Meno male che il mio ce l'ho già!

5, rue de Castiglione, 1er
Tel: +33 (0)1 42 60 63 64
per ordinare: meyrowitz@meyrowitz.com
www.meyrowitz.com

Causse

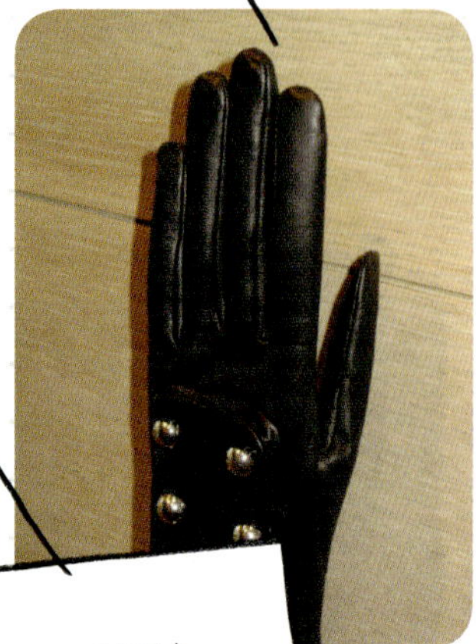

LA FRASE FATIDICA

« Jackie Kennedy portava i Causse. »

Lo stile

✱ Tanto per cominciare, parlando dei vostri guanti di pelle Causse sottolineate che sono fatti a mano a Millau in Francia, e non in fabbrica, il che indica un'eccellenza sempre meno comune. Lo stile dei guanti è pari alla loro artigianalità: senza tempo. A dire la verità, si sono visti dei Causse chiodati, il che dimostra che la tendenza può anche prendere la mano.

Il must-have

→ I guanti lunghi, tocco finale di un abito da sera!

12, rue de Castiglione, 1er
Tel. +33 (0)1 49 26 91 43
www.causse-gantier.fr

Binôme

La frase fatidica

« La multimarca della Parigina doc, sempre a caccia di indirizzi anti-bling! »

Lo stile

* Delphine Behin, creatrice di gioielli, e Delphine Conty, creatrice d'accessori in pelle, hanno aperto questa piccola e allegra boutique fatta per soddisfare tutti i gusti a prezzi abbordabili. Delphine e Delphine sono due simpatiche ragazze, che ospitano altre marche (Hartford, Laurence Doligé o Des Petits Hauts).

Il must-have

→ Tutte le creazioni delle due Delphine, ovviamente originali.

5, rue de Condé, 6e
Tel. +33 (0)1 43 25 37 95

Le Bon Marché

Lo stile

✱ Il grande magazzino ultra-alla-moda, vero concentrato dello stile Rive Gauche. Da Vanessa Bruno a Balenciaga, da APC a Lanvin, ci si trovano tutte le griffe preferite. Ma anche un sofisticato reparto di prodotti cosmetici, una libreria targata chic, un settore arredamento impostato sul design, una straordinaria merceria, dei giocattoli per bambini (Les 3 hiboux), nonché delle caffetterie (ultima delle quali il Miyou, capitanata dallo chef con stelle Michelin, Guy Martin), dove viene voglia di accamparsi.
La meta ideale per chi ha un solo giorno da trascorrere a Parigi. Come succede a Holly Golightly, che in *Colazione da Tiffany* passa il suo tempo nella gioielleria Tiffany di New York, al Bon Marché si ha l'impressione che non ci possa succedere nulla di male. Soprattutto nel reparto biancheria, dove la cabina di prova è collegata per interfono con la commessa!

La frase fatidica

« Basterebbero le vetrine per meritare la visita! »

Il must-have

→ Qualunque cosa scegliate, cadrete sempre in piedi: tutti gli articoli del Bon Marché sono stati accuratamente selezionati da agguerritissime compratrici.

24, rue de Sèvres, 7e
Tel. +33 (0)1 44 39 80 00
www.lebonmarche.com

Mamie

Lo stile

✱ Ovviamente retrò, visto che si tratta di una boutique vintage. Dire che è la caverna d'Ali Babà è un luogo comune, però è vero. Una volta entrati, per vederla non vi basteranno i soliti cinque minuti. Vi aleggia il sentore della vecchia Parigi e il padrone è intonato al quartiere: amico sia dei modaioli che vengono a rifornirsi, sia delle vecchie signore con il carrello della spesa che discutono davanti al negozio. La scelta è notevole: ho trovato dei tesori nel reparto borse e sono stata tentata dai capi imprimés. La prova che ci sono cose veramente belle? Basti dire che il proprietario mi ha mostrato un vecchio paio di scarpe griffato Ines de la Fressange!

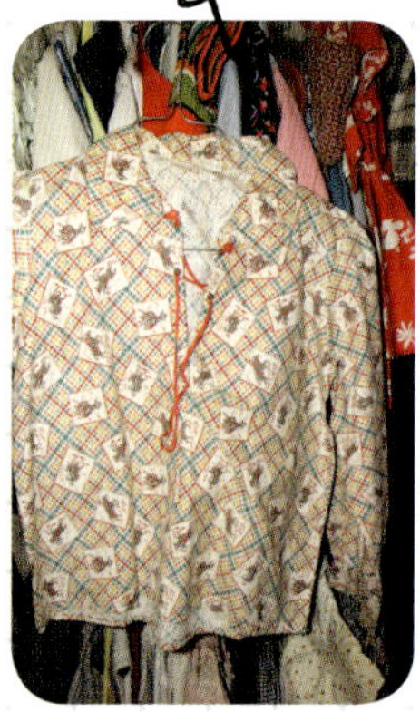

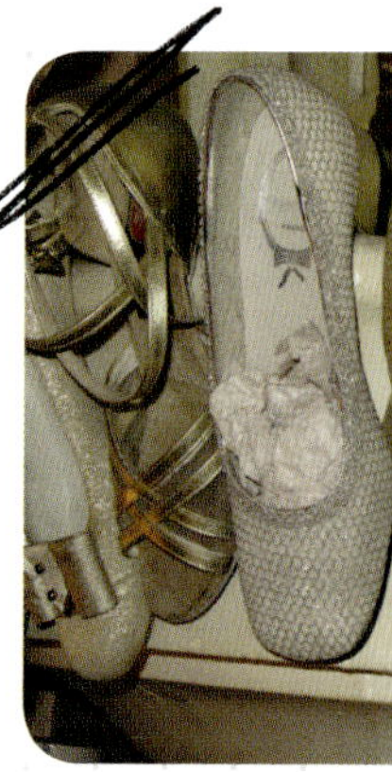

Il must-have

→ Qui tutto è unico, quindi il must è quello che desideriamo a tutti i costi. E da Mamie vien voglia di un sacco di cose.

73, rue de Rochechouart, 9e
Tel. +33 (0)1 42 82 09 98
www.mamie-vintage.com

La frase fatidica

« Gli stilisti ci vengono a cercare ispirazione. Guarda queste scarpe anni '50: quanto scommetti che le rivedremo in una sfilata della prossima stagione? »

Au petit Matelot

LA FRASE FATIDICA

« Forse darò l'indirizzo a Kate Moss. »

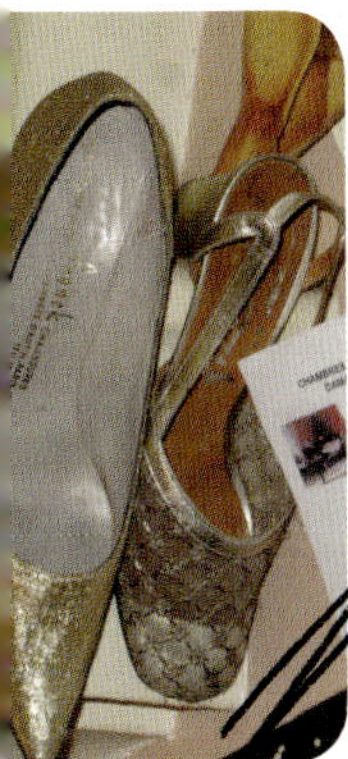

Lo stile

✱ È il classico indirizzo che si vorrebbe tenere per sé: lo conoscono talmente in pochi, che si è sempre sicuri di trovarci quello che si cerca. Come dice il nome, vende indumenti per marinai. È qui che trovo i berretti blu scuro che metto la mattina quando non ho il tempo di pettinarmi. E anche d'estate al mare, per fare colore locale!

Il must-have

→ La maglia a righe dal taglio impeccabile.

27, avenue de la Grande-Armée, 16e
Tel. +33 (0)1 45 00 15 51
(anche per ordinare)

SECURITE

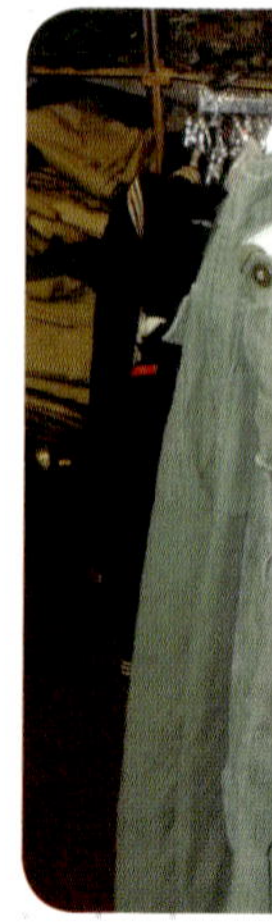

Doursoux

La frase fatidica

« Non ditelo in giro,
ma gli stilisti non riescono
mai a rifarli perfetti
come quelli originali! »

Lo stile

* La mecca degli indumenti militari. È qui e solo qui che dovete venire appena torna di moda lo stile army. I pantaloni da combattimento sono originali al 100%, le camicie militari imbattibili per quanto riguarda la qualità, e gli orologi da uomo fanno impazzire.

Il must-have

→ Il giaccone: indistruttibile.

3, passage Alexandre, 15e
Tel. +33 (0)1 43 27 00 97
www.doursoux.com

il jet-set clicca così

→ **Una Parigina trova sempre il tempo per uno shopping veloce durante la pausa pranzo... oppure la sera, prima di andare a letto. In camicia da notte e mouse alla mano, è capace di navigare per ore cliccando sui vestiti. Vivere nel XXI secolo significa avere a disposizione negozi aperti 24 ore su 24 e 7 giorni su 7. Ecco l'elenco dei migliori siti su cui navigare. A voi gli e-carrelli!**

www.victoriassecret.com

✱ Per rendere un po' più sexy le sue mutandine Petit Bateau, la Parigina ordina dei push-up negli Stati Uniti.

---

www.topshop.com

✱ Non c'è più bisogno di andare a Londra a saccheggiare Top Shop! Quello che si guadagna risparmiando il biglietto viene direttamente investito su Topshop.com!

---

www.americanapparel.net

✱ Un must del guardaroba. Si tratta beninteso di capi basici (in cotone bio « no logo »), ma in tutti i colori, in tutte le forme e per tutta la famiglia. Si ordinano su Internet per avere una maggiore scelta, ma nulla vieta di comprarli anche nei negozi American Apparel di Parigi.

www.rondini.fr

✱ La Parigina porta i sandali per tutta l'estate, sia a Parigi, sia nel luogo di vacanza. Il massimo sarebbe di andarseli a comprare nella boutique di Saint-Tropez, dal signor Rondini stesso che li spolvera di borotalco prima di farteli provare. Ma visto che non tutte disponiamo di uno yacht nel porto, contentiamoci di ordinarli su Internet!

---

www.urbanoutfitters.com

✱ Ci si trovano t-shirt funky, abiti boho e tanti piccoli divertenti accessori kitsch.

---

www.rustyzipper.com

✱ L'e-tempio del vintage, con migliaia di pezzi che vanno dagli anni '40 agli anni '80. Secondo certe voci, è da qui che gli stilisti traggono ispirazione!

Le buone guide on-line

→ Due allegri siti per essere informati sulle nuove manie parigine:

www.doitinparis.com

Tutto quello che dovete sapere sulla Parigi alla moda e sugli indirizzi top della capitale.

www.mylittleparis.com

Per quei piccoli snobismi che imperversano nella capitale e le buone guide-moda.

www.shopbop.com

* Visto che alla Parigina piace portare griffes che nessuno conosce, è l'indirizzo ideale per scovare i nuovi piccoli marchi americani. Ma ci sono anche i grandi della moda, con oltre 100 etichette presenti sul sito.

www.abercrombie.com

* Per l'abbigliamento sportivo di tutti i giorni e, soprattutto, per le canottiere dal taglio perfetto.

Buoni affari on-line

→ **Scovare un affare vantaggioso è la passione della Parigina.**

www.theoutnet.com

✱ Oltre 200 griffes super-chic saldate fino al 60%. Senza contare le vendite flash, che permettono di comprarsi una borsa di gran marca a prezzo scontatissimo.

---

www.yoox.com

✱ Yoox, uno dei primi a vendere i capi delle collezioni precedenti, oggi è diventato un piccolo impero. Mi piace Yooxygen, la sezione dedicata all'eco-design.

---

www.jeveuxlememe.fr

✱ Si prende il nostro capo preferito, ma che ormai non ne può più, e lo si fa rifare identico. Magico!

Chic da navigare

→ **Per restare in linea con le tendenze, nei momenti liberi si naviga su questi siti chic.**

www.net-a-porter.com

* Riservato alle griffes di moda e a qualche edizione limitata, reperibile soltanto sul sito. La Parigina legge la rivista online, sempre in anticipo di una tendenza.

www.colette.fr

* Impossibile parlare di Parigi senza parlare di Colette! Ci si trovano tutti gli ultimi hit da conoscere.

www.luisaviaroma.com

* Un sito italiano multimarca, dove scovare i capi creati in esclusiva per la boutique.

Lo voglio e l'avrò

→ **Quale Parigina non ha mai sognato di possedere un autentico Hermès?**

Facile su **www.hermes.com**. Basta scaricare l'oggetto del desiderio disegnato in piano, stamparlo, ricostruirlo con forbici e colla, ed è fatta: a noi la Kelly o il braccialetto a collare di cane… Sarà anche di carta, ma sempre bello!

PARTE 2

La bella di Parigi

1. il buon senso « bellezza »

Pur non essendo il tipo che passa ore nella stanza da bagno, la Parigina ama occuparsi della sua bellezza. Ma più che collezionare maschere e creme da giorno, si limita a seguire il buonsenso. E questi 10 consigli.

Nel corso della giornata la Parigina può ritoccarsi il trucco con il fondo tinta compatto che tiene in borsa. Ma spesso si dimentica di questo gesto S.O.S. In fondo, quando arriva la sera, non è male accorgersi di avere la faccia stanca. È un campanello d'allarme, il segnale che è l'ora di andare a letto.

La cosa più importante nel ramo bellezza? Struccarsi. Anche per chi non si trucca! Severamente proibito andare a letto truccate!

Per il viso non usare troppa acqua e sapone: molto meglio una lozione detergente al latte. Basta vedere le donne che da anni mettono in pratica questo consiglio: hanno la pelle meno secca.

Non c'è di peggio che rimpicchiettarsi per uscire. È quanto di meno moderno possa esistere! Meglio essere fresca e naturale la sera, e truccata la mattina: fa più allegria.

A 20 anni la Parigina scruta il proprio viso nello specchio ingranditore. Passati i cinquanta, smette. Meglio badare ad avere un aspetto giusto, vagamente rock. È importante essere un po' rock…

Per le labbra, non usare il rosa. Molto meglio il gloss trasparente.

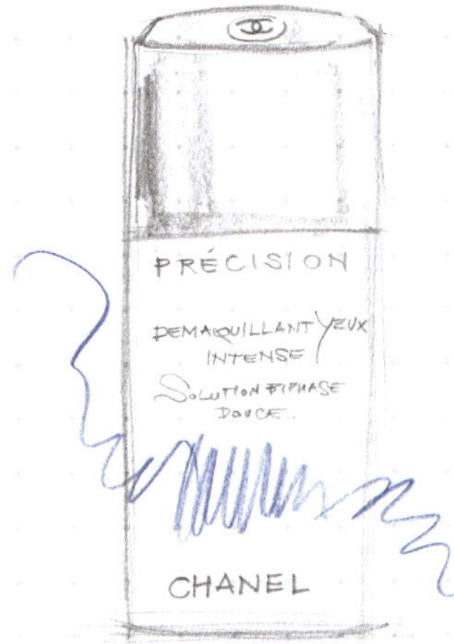

Ci saranno senza dubbio degli shampoo migliori di altri, ma quello che conta è soprattutto il modo di asciugarsi i capelli e ciò che si mangia. Ops! Non mi offriranno mai più un contratto vantante i meriti di una marca di cosmetici!

Non occorre spendere fortune in creme: il miglior salone di bellezza è il dentista. Un bel sorriso e dei bei denti fanno dimenticare tutto il resto!

Evitare le pulizie della pelle negli istituti, sono troppo violente. Meglio fare due passi con il vostro fidanzato… da Tiffany (luogo non ventoso e ottimo per la pelle).

Truccarsi tutti i giorni, anche nei week-end: il fatto di restare in famiglia non è una buona ragione per imbruttirsi.

2. il prezzo della bellezza

Scelgo spesso le creme in base alla confezione. Mi piace che gli oggetti che utilizzo quotidianamente siano estetici. Non compro mai un prodotto che non abbia una bella confezione, mi piace avere in bagno belle scatole e bei barattoli. Oltre a fare arredamento, mettono di buonumore.

i fondamentali del vanity

→ **Buttate via tutto, tranne:**

da meditare

Con un filo di trucco
si sta sempre meglio!

L'ombretto Serge Luytens
→ La confezione è molto carina e la texture si scioglie come per magia.

Il lip gloss di Chanel
→ Molto più fresco di un rossetto.

La Eight Hour Cream di Elisabeth Arden
→ La mitica cura che circola dietro le quinte delle sfilate.

La cipria abbronzante idratante Terracotta di Guerlain
→ Il meglio che sia mai stato trovato per dare al viso una bella cera. La risposta giusta? « Alle Bahamas? No, sono stata da Guerlain!»

L'INDISPENSABILE

Lo spazzolino da denti

Parrebbe ovvio, ma sono sempre sorpresa nel vedere tanta gente con i denti gialli.

Il mascara Guerlain
→ Senza il mascara sembro un pesce morto. Le confezioni sono vere e proprie sculture. Ne ho uno in ufficio e uno a casa. L'applico soltanto sulle ciglia di sopra. Su quelle di sotto dà un'aria severa.

Il fondo tinta compatto Chanel
→ Da tenere in borsa. La maggior parte delle donne ne ha bisogno: senza fondo tinta non siamo niente!

La crema Dior all'albicocca per le unghie
→ La metto la sera, prima di dormire. Idrata a fondo le pellicine e, in pratica, sostituisce la manicure!

L'olio per il corpo Neutrogena
→ Penetra istantaneamente la pelle senza ungerla. Ovviamente, la lascia morbida e, ovviamente, lui ve lo dirà!

La mia routine in 10 minuti d'orologio

Lavarsi i capelli tutte le mattine (aiuta a svegliarsi).
Sui capelli bagnati applicare una schiuma volumizzante, o un'acqua gonfiante che si compra nei supermercati.

Non esco mai di casa senza mettere la crema da giorno!
La compro in farmacia e cambio spesso marca. Attenzione a stenderla con moderazione per non avere la pelle appiccicosa quando si baciano gli amici.

Usare del fondotinta liquido (in flacone spray, più pratico quando si ha fretta).
Quello compatto si tiene in borsetta per i ritocchi durante la giornata. Attenzione! Va applicato con le dita come una crema, anziché con la spugnetta: l'effetto è più naturale.

→ Non ho tempo per lo stick copri-occhiaie!

da meditare

Fare tre astucci da make-up uno da tenere in casa, uno nella borsetta e uno in ufficio. Peccato che mi dimentichi regolarmente di ritoccarmi il trucco durante la giornata!

Rinnovate regolarmente i prodotti: perché tenere ancora quel rossetto fucsia che non mettete più? La vostra trousse di bellezza non deve somigliare a quella di un truccatore professionista.

Applicare l'ombretto mat con un pennello sottile.
Io uso quasi sempre i toni bruni, ma seguite pure il vostro gusto! Una cosa comunque è certa: più il colore è naturale, più naturale è l'effetto…

→ Se ne ho il tempo, sfumo un tratto di matita nera alla base delle ciglia.

→ Applicare della terra abbronzante con un grosso pennello.

Applicare il mascara solo sulle ciglia superiori:
evita le sbavature durante la giornata.

Scie profumate

Ogni dieci anni cambio profumo. Non amo i profumi recenti, che spesso trovo troppo aggressivi. Preferisco quelli poco noti.

Comprando un profumo bisogna testarlo sulla pelle, non sulla strisciolina di carta! La carta può servire a una pre-selezione, ma poi bisogna spruzzarlo all'interno del polso, uscire dal negozio e conviverci per qualche ora prima di decidere se merita o no d'entrare nella nostra stanza da bagno.

I profumi non vanno considerati con lo stesso criterio di un abito di tendenza! Anche se alcuni diventano dei best-sellers cui si è tenuti ad attenersi, bisogna sempre controllare che il profumo corrisponda alla nostra personalità. La Parigina, comunque, detesta le scie alla moda. Preferisce scegliere una fragranza introvabile che cercherà per tutta Parigi!

Mai metterne troppo per non far venire il mal di testa agli amici. I migliori punti di contatto sono il collo e i polsi, ma anche le caviglie; se poi si gioca alla grande, il dietro del ginocchio. E tenetene sempre in macchina un flaconcino di scorta!

Tre segreti di bellezza

PER AVERE I CAPELLI LUCIDI
Tre cucchiai da minestra di aceto bianco diluiti in un po' d'acqua e distribuiti dopo lo shampoo sui capelli bagnati: sotto i flash manderanno lampi!

BERE SUCCO DI CAROTA
(è buono, quindi si è felici, quindi si è belle).

APPLICARE SULLE GENGIVE UN RIVELATORE DI PLACCA ROSSO
(in farmacia)
Rende i denti più bianchi.

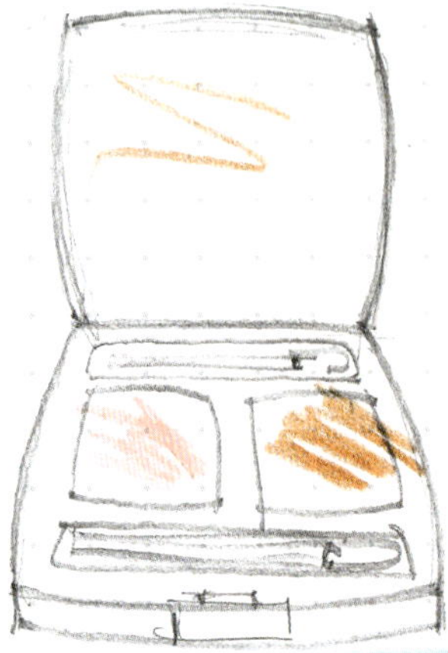

3. Bellezza senza età

Il mio maestro di vita in assoluto si chiama Julio Iglesias. Quando gli chiesero se avesse paura d'invecchiare, rispose: « Ma io sono già vecchio... ». Si ha più paura delle rughe a vent'anni che a trenta.

da meditare

Per restare giovani, bisogna restare frivoli!

→ **Non faccio caso alle rughe: mi limito semplicemente ad aumentare la distanza dallo specchio!** Penserò al botox il giorno in cui ne ammirerò i risultati. Per il momento non mi sembrano mirabili. A parte il fatto che invecchiare ha i suoi vantaggi: si impara a portarsi dietro una sola valigia invece di quattro, si apprezza l'attimo fuggente, si ascoltano gli altri, si relativizza. Il che non significa che si debba trascurare la propria bellezza. Ecco certe piccole astuzie che possono fungere da elisir di lunga vita.

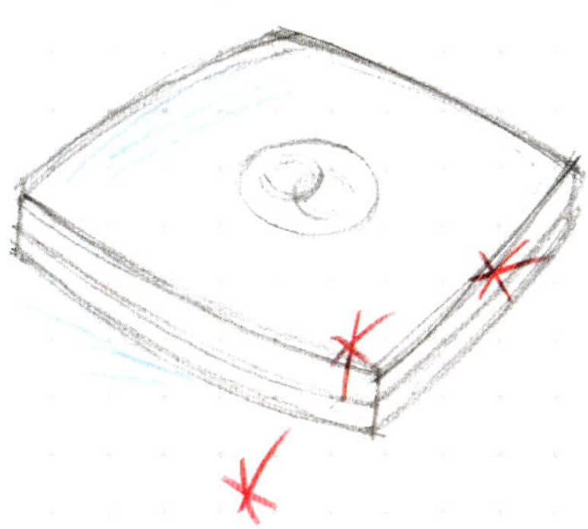

Per mantenersi belle il più a lungo possibile...

* Avere un aspetto curato.

* Sapere di buono.

* Avere bei denti.
Farsi togliere il tartaro regolarmente (ogni sei mesi).

* Sorridere.

* Essere indulgente.

* Essere disinvolta e dimenticare l'età.

* Essere più cool.

* Essere meno egoista.

* Essere innamorata di un uomo, di un progetto, di una casa. Funziona da lifting.

* Fare cose che ci assomigliano. Favorisce la « zenitudine ».

* Accettare che ci siano dei giorni « no ». E approfittare dei giorni « sì ».

E poi:

* Idratare a fondo la pelle.
* Limitarsi al mascara e scordarsi dell'eye-liner.
* Preferire i fondotinta leggermente più chiari della propria carnagione. Dona morbidezza e attenua le zone d'ombra.
* Scegliere un rossetto luminoso o, addirittura, preferire il gloss.
* Portare le unghie piuttosto corte e non trascurare la manicure.

Per essere ben truccata dopo i 50 anni

→ Se si truccano gli occhi, lasciare la pelle pallida.

→ Il naso lucido non va bene, ma non bisogna neanche dare l'impressione di essersi messe un quintale di cipria.

→ Se gli occhi sono naturali, scurire la pelle.

da meditare

Meglio dedicare un'ora al sonno o a fare l'amore che andare a farsi iniettare del botulino dal dermatologo.

Le cose da evitare a qualunque costo se non si vogliono dimostrare 10 anni in più

- Stendere uno strato troppo spesso di fondotinta coprente, soprattutto se scuro, tipo: « sono abbonata a un centro solare ».

- Truccarsi pesantemente gli occhi con l'ombretto madreperlato... Evidenzia le zampe di gallina.

- Lasciare le sopracciglia folte, senza ritoccarne la linea.

- Mettere troppa cipria.

- Stendere un blush scuro sotto gli zigomi.

- Sottolineare il contorno labbra con la matita.

- Coronare il tutto con un rossetto madreperlato arancione-bordeaux o dalla sfumatura spenta, tipo « nudo »...

... e voilà! Potete stare sicura di dimostrare molti più anni di quelli che avete!

4. Beauty faux pas

Anche nella bellezza, come nella moda, si possono prendere delle cantonate. Qui non è una questione di tendenza, ma di armonia con il proprio viso. Sul palcoscenico le ragazze osano le finte ciglia blu, le sopracciglia depilate a zero o i blush metallici... ma noi che siamo nella vita vera, senza flash né fotografi, non dobbiamo farci del male da sole. Anche se si è una top model... Quali sono gli errori da evitare per non sembrare una vittima del make-up?

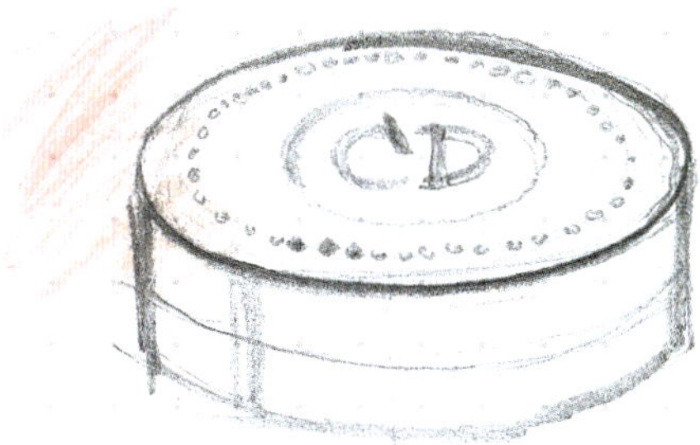

La striscia verticale di blush, tipo pittura di guerra. La guerra non si fa più!

I maquillage madreperlati, brillanti o con paillettes. Fuori dal palcoscenico e fuori dalla carta patinata… è fuori tema.

Il make-up assortito all'abbigliamento: fa « ragazza che ci sta troppo a pensare su e che farebbe meglio ad astenersene »… Meglio basarsi sulla carnagione, sugli occhi e sul colore dei capelli.

Troppo stick anti-occhiaie e troppo fondotinta: fanno la faccia terrosa.

Il fondotinta applicato alla buona, senza arrivare fino all'attaccatura dei capelli. Sembra una maschera e sarete presto smascherate!

Le sopracciglia troppo depilate. Poi si è tentate di riempire i vuoti con la matita… e non è una gran buona idea!

Troppo eye-liner: vi fa sembrare un procione.

Uno « smoky eye » mal gestito vi fa sembrare un panda. Se non si possiede la tecnica, meglio astenersi.

La matita per il contorno labbra. Mai molto felice, specialmente se più scura del rossetto.

I peli sotto le ascelle. La depilazione è una voce importante nel budget della Parigina, visto che, in genere, al Parigino i peli non piacciono.

L'ombretto da palpebre azzurro. Se il vostro obiettivo è la naturalezza, siete fuori strada!

La cipria *paillettée* sugli occhi. Un duro colpo anche per le giovani dalla pelle di pesca.

Il mascara sulle ciglia inferiori: indurisce lo sguardo e accentua le occhiaie.

Il gloss dato in eccesso: una bocca appiccicosa non è mai molto attraente.

PARTE 3

Lo "chez moi" della Parigina

1. Lo stile parigino

Come dare stile a un appartamento? Seguendo un filo conduttore! Potete impostarlo su un colore, su un genere, su un'epoca… Createvi un repertorio di tendenze ritagliando delle foto dalle riviste e troverete lo spirito del vostro arredamento.

→ Mi piace cambiare arredamento. Il mio appartamento di prima era piuttosto tradizionale e ingombro di soprammobili, mentre quello di adesso è più in stile minimalista. Cambiare con regolarità l'arredamento è come fare alla casa una sorta di lifting: non c'è niente di più deprimente del vedere i nostri mobili invecchiare con noi! Ovviamente non occorre cambiare tutto di sana pianta o fare grandi lavori. Basta qualche piccola astuzia – come una First Lady, appena entrata in carica, che aggiunge i suoi tocchi all'arredamento – per rinnovare l'appartamento con poca spesa.

Se volete che una casa mantenga il suo charme, non stravolgetela troppo.

Come la moda rispetta lo stile di una donna, così l'arredamento deve rispettare lo stile del luogo. Chi ama il funky può anche dipingere di rosa gli stucchi dei soffitti di un vecchio appartamento del centro storico di Parigi, ma distruggerli è un delitto!

L'arredamento deve rispecchiare la nostra personalità.

Sono un po' schizofrenica: amo lo stile zen, ma anche l'etnico. Ricordatevi che arredare la propria casa non significa disegnare le scenografie di un film: niente ricostruzioni d'epoca e via libera agli anacronismi. Come per la moda, mixate gli stili. Mixate cheap e chic. I mobili Ikea possono stare accanto a pezzi di design o a mobili scovati al mercatino delle pulci. Personalmente non ho problemi ad accostare un divano Ikea a delle lampade stile anni '60 e a una libreria trovata alle pulci e fatta ridipingere. Anche nell'arredamento la parola d'ordine è: bando al total-look!

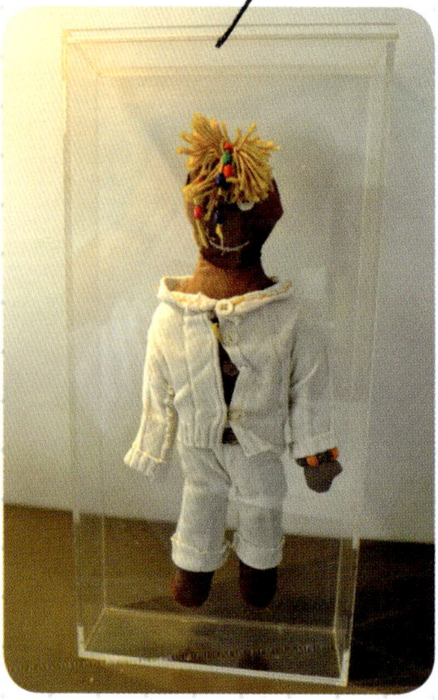

Mettete tutto in scatola!

La soluzione ideale per i piccoli spazi. La Parigina non esita a fare incetta di scatole di zinco (www.muji.it). Impilatele a colonna sulle mensole, ognuna con la sua etichetta: candele, lucido da scarpe, pile, lampadine, cucito… Il miglior sistema per trovare le cose a colpo sicuro.

Fatevi da sole le vostre opere d'arte.

Perché spendere milioni per avere l'arte in casa? Incorniciate sotto vetro e con un passepartout di carta kraft argento i disegni preferiti dei vostri figli. Tutti i disegni dei bambini sotto i dieci anni mi commuovono: hanno il talento della libertà, una specie di genialità che perdono andando a scuola. Metto in mano ai bambini dei fogli di carta kraft e dei carboncini, e loro mi fanno dei capolavori pronti da incorniciare! Quanto a certi oggetti (tipo scarpine di carta, o una bambola da immortalare), li chiudo in box di plexiglass fatti su misura da Gypel, 9, rue Jean-Jacques Rousseau, 1er, Tel. +33 (0) 1 42 36 15 79. E le cornici in plexiglass magnetico (sempre Muji) sublimeranno anche un messaggio scritto alla buona su un tovagliolo di carta. Lo stesso per le foto che vi sono piaciute sulle riviste: ritagliatele e incorniciatele. Non esistono arti minori!

Q

Reparto cucina

RACCOGLIETE GLI UTENSILI DA CUCINA DENTRO A DEI BARATTOLI

È sempre interessante cambiare destinazione agli oggetti. Come per la moda, il segreto sta nel decontestualizzare.

USATE DEL VASELLAME DALLE FORME INCONSUETE

Mi piacciono i piatti quadrati con gli angoli stondati, come il mio tavolo da cucina. Non facili da trovare, ma più originali di quelli rotondi o quadrati!

Pensate bianco.

Anche se in ufficio ho azzardato una parete rosa acceso (crea una luce fantastica e rende tutti più belli), per i piccoli appartamenti raccomando il bianco. In linea generale, ogni volta che si è incerti tra due colori, meglio optare per il bianco. Per dare un tocco loft a un piccolo appartamento, puntate tutto sulla scelta dei colori: una gamma di grigi, il beige, il kaki e qualche tocco di nero. Se poi state attraversando un periodo blu, rosa o verde, potete anche sperimentare una parete colorata. Male che vada, potrete sempre rimbiancarla tra qualche mese!

Mettete candele profumate in tutte le stanze.

L'odore è importante quanto i bei mobili. Accendetele appena entrate in casa, anche se è ancora giorno!

Nascondete gli oggetti che tirano giù l'ambiente.

Tipo: se la stampante fa tristezza, chiudetela nell'armadio!

nel bagno

Massima sobrietà negli asciugamani

Nei negozi può succedere di restare rapite dal turchese di un asciugamano evocante l'acqua di una laguna dove vi piacerebbe tuffarvi. Ma attente: una volta a casa, non è detto che s'intoni alle vostre piastrelle (sconsiglio vivamente le piastrelle turchese!) Morale: puntate su uno, massimo due colori. Gli asciugamani della mia stanza da bagno sono neri e bianchi. Li ordino sul sito AMPM de *La Redoute* (www.ampm.fr). Non vengono mai a noia e quando danno segni di stanchezza si possono sempre ricomprare, mentre non sono certa che il turchese venga riassortito tutti gli anni.

Massima semplicità nei bastoni per tende.

Una sbarra di ferro battuto è meglio di qualsiasi asta falso Luigi XVI. Se poi puntate sulla semplicità assoluta, niente tende e buonanotte.

Rivestite il sapone

Piuttosto che tenere certe orrende bottiglie dalle marche sgargianti, travasate il liquido in un flacone a tinta unita. Lo stesso per le salviette di carta: nascondetele in scatole intonate all'arredamento.

Massima semplicità nell'illuminazione.

Piuttosto che cercare lampade lambiccate, scegliete dei semplici faretti che fanno una buona luce. Una sola lampada originale basterà a dare un tocco di stile.

Date il tocco di classe con una sedia o una poltrona.

Hanno la stessa funzione che ha l'accessorio per l'abbigliamento: dare stile a un arredamento minimalista. Un altro elemento forte può essere rappresentato da una lampada. Non esitate a investire per dar tono all'ambiente, l'effetto è garantito.

Distribuite in tutta la casa qualche copia de ***L'eleganza dell'essenziale*** di Dominique Loreau, la mia Bibbia, che fa l'apologia dello zen nella vita quotidiana. E anche ***L'arte della felicità*** del Dalai Lama.

Mettete in mostra la frutta.

Quando la frutta trabocca dalla cassetta, mettetela in vasi trasparenti. Crea spazio e arreda.

Coprite con stoffe i divani del soggiorno.

Si ottiene un duplice vantaggio: evitare che i divani invecchino precocemente (ho dei cani!) e la possibilità di cambiare arredamento con poca spesa (un divano costa caro!).

Aggiungete un tocco d'umorismo.

Con dei bicchieri di vetro copiati da quelli in plastica (si trovano a Parigi alla Galerie Sentou, www.sentou.fr). Qualche tocco dissonante non fa mai male!

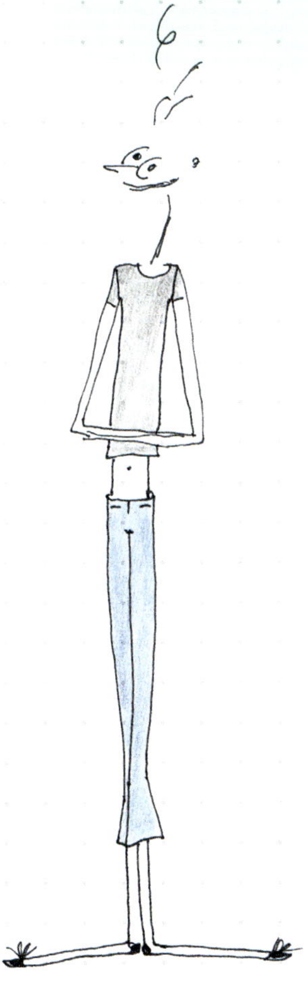

Sbarazzatevi del superfluo.

Punto primo: non costa niente. Punto secondo: un appartamento non soffocato da una montagna di oggetti inutili e raccogli-polvere è molto più chic. Credetemi: separarsi da cose che in fondo non hanno molta importanza fa un gran bene. Non sento più il bisogno di accumulare i soprammobili che una volta mi divertivo a scovare nei mercatini delle pulci. Il più difficile è di creare un angolo per un piccolo guazzabuglio affettuoso che compensi il rigore minimalista dell'appartamento. Se puntate sull'eleganza, ricordatevi che non deve essere mai pomposa. Può anche bastare un box di plexiglass con dentro l'adorato e strapelato bambolotto della vostra infanzia!

La regola d'oro per chi ha poco spazio

Per essere abitabile, un piccolo spazio dev'essere ordinato. Anche se il mio appartamento misura 70 m² (il che è molto, per essere nel cuore di Parigi), non ci vivo da sola! Per cui diventa indispensabile sfruttare tutte le soluzioni possibili e utilizzare ogni spazio a disposizione (lungo le pareti dal soffitto spiovente, sotto il letto, nel sottoscala, ecc.). Il massimo è trovare spazi a doppio uso: per esempio infilando (come me) il cibo dei cani in una cassapanca che serve da sedile.

Flower power

→ **Esistono anche mazzi di fiori brutti! Per essere certe di non sbagliare:**

* Scegliere delle orchidee bianche, il fiore preferito dagli aficionados del design.

* Scegliere un unico fiore a gambo lungo, magari color peonia, da mettere in un vaso tipo provetta. E moltiplicare la formula.

* Con il bouquet tutto bianco si va sempre sul sicuro.

* Mai esitare a introdurre in casa una pianta. Specie se si sceglie un vaso nero o di zinco.

Da evitare:

* I bouquet multicolori. Come per la moda, non ci devono mai essere più di tre colori (tenuto conto che il terzo è il bianco!).

* I fiori proibiti: i crisantemi (riservati ai cimiteri).

* I fiori a gambo molto lungo. Non si ha mai un vaso dove metterli.

Personalizzare:

* Se il bouquet è proprio brutto, basta dividerlo in vari mazzetti per ricavarne comunque qualcosa di simpatico.

2. Arredare l'armadio

Un guardaroba bene organizzato può creare un nuovo modo di vedere la vita. Non è facile sistemare una zona dressing nei piccoli appartamenti parigini. Non vi sto dicendo di buttare via tutto per mancanza di spazio. Più o meno si riesce sempre a cavarsela (anche se, francamente… siete proprio sicure di portare ancora quel maglione di mohair che non mettete dal 1982?). Eccovi 6 idee per organizzare lo spazio guardaroba.

Imparate a riciclare.

✱ Un termine più professionale e più di classe che "buttar via", ma che significa esattamente la stessa cosa: tutto ciò che è in cattivo stato e che non portiamo da vari lustri è da buttare. Lo stesso dicasi se, guardando un capo, non ci viene subito voglia di indossarlo: buttare! In caso di dubbio, pensate a un'amica di cui ammirate lo stile e chiedetevi: « Lei se lo metterebbe? » Se la risposta è: « No », riciclare nel cassonetto o portare alla Caritas!

Raggruppate gli indumenti per categorie!

✱ I pantaloni con i pantaloni, le t-shirt con le t-shirt, i golf con i golf, e così via. Dividete gli indumenti per stagioni; se poi volete un lavoro veramente ben fatto, raggruppateli per colore! Ogni volta che aprirete lo sportello vi verrà una botta d'allegria.

Investite su un unico tipo di grucce.

✱ Come quelle di plastica dell'Ikea, che non prendono spazio e sulle quali si possono appendere più capi. Unificare fa chiarezza.

Mettete bene in vista tutti i vostri vestiti!

✱ Non sempre facile, ma se non li vedete finirete per non indossarli mai.

Sistemate gioielli e accessori in scatole di plexiglass con maniglie.

✱ Scegliere diventa molto più facile quando si ha tutto sott'occhio.

Fotografate le scarpe.

✱ Il massimo è fare delle foto Polaroid delle scarpe e incollarle su una scatola dove le conserverete con cura. Sovrapponete le scatole come nelle boutiques. La versione un po' meno « armadio della diva »: fotografate le scarpe con la macchina digitale, stampate le foto e incollatele sul davanti di uno scatolone che ne contenga più paia.

3. Gli indirizzi per arredare

Shopping a Parigi... e online

Il top del concept-store solidale

Merci

Una scelta inedita. Su una superficie di 1500 m² si trovano riuniti oggetti preziosi (alcuni mobili) ed altri più comuni (intelligenti accessori design per la cucina). Collezioni di stilisti create esclusivamente per Merci, ma anche matite di tutti i colori, quaderni vintage, una piccola merceria, un ferramenta, dei gioielli e un laboratorio di profumi Goutal. Perfino un fioraio! Un negozio eclettico come piace a noi. Per la pausa pranzo si va al ristorante del pianterreno che offre deliziose insalate e dolci talmente buoni che uno si alzerebbe a mangiarli anche di notte. Tutti i profitti vengono versati a una fondazione per bambini bisognosi. Maniaci dello shopping provvisti di buon cuore: siete avvisati!

Merci, Merci!

111 boulevard Beaumarchais, 3e
Tel. +33 (0)1 42 77 00 33
www.merci-merci.com

FLOWER

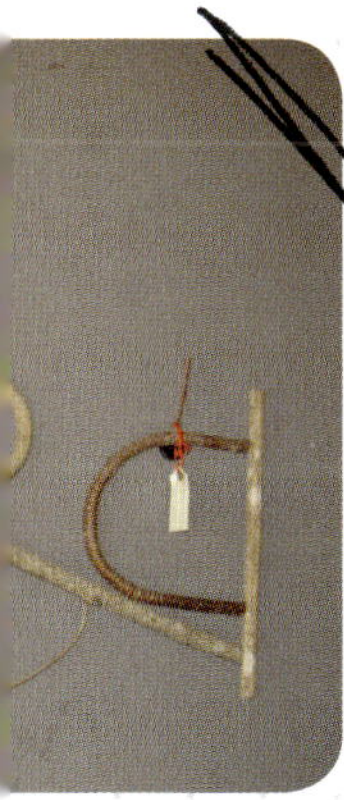

e-arredamento

www.ampm.fr

La sezione arredamento del catalogo francese La Redoute. Per le lenzuola in lino lavato e gli asciugamani (che personalmente scelgo neri); ma anche i mobili valgono una cliccata di mouse.

www.madeindesign.com

Un sito da aggiungere subito ai preferiti. Ultracompleto, con tutto il ventaglio dei prezzi. Il must assoluto? La sedia *Luxembourg* del designer Frédéric Sofia per Fermob, la stessa che troneggia nel Jardin du Luxembourg.

www.fab.com

Mobili a prezzo di fabbrica da acquistare on-line senza intermediari. Si possono scegliere in anticipo pezzi delle prossime collezioni, oppure comprare prodotti in edizione limitata. Le fabbriche (spesso situate in Cina) ve li consegnano a domicilio, ma solo in capo a qualche mese. È il prezzo da pagare per non spendere troppo!

www.atylia.fr

L'e-indirizzo ideale per piccoli regali di classe. Per ordinare telefonicamente dall'Italia: +33 (0)1 45 06 71 16.

Il top delle lampade vintage

Complément d'objet

Mi ringrazierete tutta la vita per avervi confidato quest'indirizzo. Più che un complemento, è una base.
Vi si trovano lampade di tutti i generi: lampade mitiche, lampade rarissime, lampade che ci ricordano la nostra infanzia. Dagli anni '30 agli anni '90, con molti pezzi anni '60.
La vera caverna d'Ali Babà, ma con la luce elettrica!

11, rue Jean-Pierre-Timbaud, 11e
Tel. +33 (0)1 43 57 09 28
www.complementdobjet.com

Il top
dei caloriferi

WorldStyle Design

D'accordo: i caloriferi non hanno mai scatenato l'entusiasmo delle folle, ma questi, stylés come sono, scatenano la Parigina. Un indirizzo da conservare: i radiatori fatti da un designer non si trovano ad ogni passo!

203 bis, boulevard Saint-Germain, 7e
Tel. +33 (0)1 40 26 92 80
www.worldstyle.com

Il top
del bric-à-brac

Hétéroclite

Entrando in questa bottega si ha l'impressione di entrare in un'altra dimensione. L'incantevole accozzaglia messa insieme dalla simpatica Dominique ci immerge in un paese delle meraviglie dove, a cercare bene, si trova sempre qualcosa. Molti mobili, gioielli con qualcosa in più, giocattoli per i piccoli e una quantità d'oggetti del passato. Il vero robivecchi come ce lo siamo sempre immaginato.

111, rue de Vaugirard, 6e
Tel. +33 (0)1 45 48 44 51

Il top dei divani

Caravane Chambre 19

Una boutique senza la quale non potrei vivere! Imbattibile per quanto riguarda il design dei divani, Caravane espone anche una grande quantità d'altri mobili e di complementi d'arredo che fanno innamorare di questo stile esotico-parigino-contemporaneo. Nel 12e arrondissement ci sono due boutiques: una per i piccoli oggetti, il vasellame e i tessuti; l'altra per i mobili e l'occorrente per dormire. Sono le mie preferite in assoluto per l'arredamento della casa. Non c'è da stupirsi: sono state create da Françoise Dorget, grande signora del décor. Gli accostamenti tra stili diversi sono il massimo della raffinatezza e niente vieta di rubare qualche idea per il proprio appartamento. Non mi stanco mai dei meravigliosi tessuti da stendere sui divani. Il best-seller Caravane? Il divano Thala, con fodera rimovibile: una volta che ti ci siedi, ci resteresti tutta la vita. Un luogo esotico, cosmopolita, urbano e nello stesso tempo così parigino!

19 e 22, rue Saint-Nicolas, 12e
Tel. + 33 (0)1 53 02 96 96
6, rue Pavée, 4e
Tel. + 33 (0)1 44 61 04 20
www.caravane.fr

Il top delle scatole da armadio

Muji

Sì, è una marca giapponese, ma ha uno stile così puro che si fonde con tutto. Soffro di scatolomania: le colleziono, le impilo, le distribuisco per tutto l'appartamento. E le uso per metterci la roba. Il paradiso dello spazio organizzato: tutto è sobrio, trasparente, bianco, di vimini o d'acciaio… Insomma, qualunque cosa si compri, non si sbaglia!

30, rue Saint-Sulpice, 6e
Tel. +33 (0)1 44 07 37 30
www.muji.us e www.mujionline.co.uk

Il top dei marchi d'arredamento

Galerie Sentou

Il design come piace a me. Una selezione di bei pezzi e tante idee per regalini simpatici. Tsé & Tsé, Roger Tallon, ma anche tutte le creazioni siglate Sentou, che s'inseriscono perfettamente in tutti gli arredamenti.

26, boulevard Raspail, 7e
Tel. +33 (0)1 45 49 00 05
29, rue François-Miron, 4e
Tel. +33 (0)1 42 78 50 60
www.sentou.fr (per alcuni prodotti anche madeindesign.co.uk)

Il top dei mobili chic e fun

La Maison Darré

Vincent Darré, che prima di lanciarsi nell'avventura del mobile artistico ha lavorato nella moda, è uno dei miei preferiti. È un super-creativo e la sua boutique è un insolito laboratorio di mobili che uniscono il rigore all'esuberanza. Come la poltrona Vertebra e il tavolo Bureau des vanités, con le zampe fatte a osso. Irresistibilmente divertenti.

32, rue du Mont-Thabor, 1er
Tel. + 33 (0)1 42 60 27 97
www.maisondarre.com

Il top delle cornici

Gypel

Un corniciaio capace di valorizzare qualsiasi oggetto, foto o quadro. Ha sempre un'idea originale e realizza tutti i vostri desideri. Un must della decorazione.

9, rue Jean-Jacques-Rousseau, 1er
Tel. +33 (0)1 42 36 15 79

Il top della nostalgia d'antan

Mamie Gâteaux

Atmosfera nostalgica in questa brocante, dove gli oggetti hanno il sapore dell'infanzia degli anni '50. Proprio accanto si trova una boutique dove tutto riflette il buon gusto « depurato-autentico » della proprietaria giapponese (Manko, che dirige la boutique con il marito Hervé): cesti di giunco, semplicissime ciotole di porcellana, borse di lino. Nella sala da tè, appena un po' più in là, si possono degustare i dolci fatti in casa di Manko (di professione pasticciera) ai quali è impossibile resistere. Siete stati avvisati!

66-68-70, rue du Cherche-Midi, 6e
Tel. + 33 (0)1 45 44 36 63 (boutique e brocante) + 33 (0)1 42 22 32 15 (sala da tè)

Il top del rétro divertente

Tombées du camion

Una vera miniera d'oro d'oggetti rétro e antichi (dalla fine del XIX secolo fino agli anni '80) ma… nuovi. Tra i vecchi stock di fabbriche d'un tempo anche gli oggetti più insignificanti possono rappresentare un tesoro per vivacizzare un arredamento. Perfino una partita di occhi d'orsacchiotto o di gambe di bambole degli anni 1920 può acquistare un senso se messa dentro un barattolo. Ci si estasia sui temperalapis a forma di globo terrestre, si prova nostalgia per quei modelli originari. È pieno di piccoli gadget vintage che avevamo scordato e che all'improvviso ci sembrano assolutamente necessari. Si può restare per ore in questa caverna d'Ali Baba messa in scena da Charles Mas, il proprietario che è anche arredatore (ha allestito vari ristoranti e boutique).

17, rue Joseph de Maistre, 18e
Tel. +33 (0)9 81 21 62 80
www.tombeesducamion.com

Il top degli album da fotografie

Bookbinders Design

Un album porta-fotografie nero sul quale far scrivere in argento un nome o un anno non può non essere chic. Da notare anche i classificatori per tenere i Dvd, il miglior modo per cavarsela con stile in un appartamento a corto di spazio.

130, rue de Bac, 7^e
Tel. +33 (0)1 42 22 73 66
www.bookbindersdesign.com

Il top dei designers europei

The Collection

Una boutique d'arredamento centrata sui designers europei. Soffermatevi sulle edizioni speciali create in esclusiva per la boutique.
Ma ci sono anche le carte da parati di Tracy Kendall, i tappeti Brocante de Salon dell'Atelier Blink e il fregio autoadesivo d'Émilie Rabiller, sul quale si possono scrivere dei messaggi e poi cancellarli...
Ci si innamora subito di ogni cosa e, soprattutto, di questa atmosfera design particolarmente poetica.

33, rue de Poitou, 3e
Tel. + 33 (0)1 42 77 04 20
www.thecollection.fr

Gallerie chic

Éric Philippe

Éric Philippe sta in uno dei più bei *passages* di Parigi. Esperto in mobili del XX secolo, si è specializzato nel design scandinavo dal 1920 al 1980. Vi si trovano anche designers americani degli anni 1950. Purezza di linee, bellezza… quello che piace a me. E se volete che Éric venga a dare un'occhiata a casa vostra per consigliarvi sulla scelta dei mobili, non avete che da chiedere!

25, galerie Véro-Dodat, 1er
Tel. +33 (0)1 42 33 28 26
www.ericphilippe.com

Galerie du Passage

Proprio di fronte a quella d'Éric Philippe, questa galleria ha appena festeggiato i suoi 20 anni. Pierre Passebon è noto in tutto il mondo per la sua stupenda collezione di mobili e oggetti che vanno dal XX secolo ai giorni nostri. Nella galleria c'è sempre un'esposizione che merita il passaggio... e vedremo se sarete capaci di uscirne senza perdere la testa per uno degli oggetti del desiderio esposti in questo luogo pervaso di calore.

Parigi: 20–26, galerie Véro-Dodat, 1er
Tel. +33 (0)1 42 36 01 13
www.galeriedupassage.com

Art Up Deco

Opere d'arte a partire da 60 euro: un'idea seducente. Recentemente ci ho comprato due quadri superbi, entrambi di giovani pittori ignoti, a prezzi abbordabili come in un supermercato.

39, boulevard Malesherbes, 8e
Tel. +33 (0)1 43 36 47 95
www.artupdeco.com

4. Conto alla rovescia per una cena perfetta

Tutti sono convinti che io offra cene ultra-sofisticate alle quali invito il Tout Paris. Non è affatto il mio genere. Se faccio un invito, è soprattutto per rivedere i vecchi amici e non per passare la serata ai fornelli! Che fare quando si decide di organizzare una moderna cena *à la Parisienne*?

L'ora H -2

→ Rientro a casa di corsa dopo una giornata di lavoro. Di solito senza aver fatto la spesa: ho solo avuto il tempo di comprare un pollo strada facendo. Non ho niente da mettermi per la sera. Il soggiorno è ingombro di giornali e della baraonda lasciata dai bambini.

H -1.30

→ Metto il pollo in una casseruola con tutto quello che riesco a rimediare in cucina: pomodori pelati, cipolle, spezie assortite (curry, coriandolo, timo...) e faccio cuocere a fuoco lento. Mentre il pollo cuoce, riassetto la casa e faccio il bagno.

H -1

→ Prego i bambini di occuparsi della decorazione della tavola: hanno sempre un sacco di idee creative. Stendo una tovaglia colorata (il blu marine è sempre azzeccato) e al resto pensano loro!
Possono decidere di mettere dei piatti di plastica nera assortiti alla porcellana bianca, e la gente lo prende per il massimo della raffinatezza.
Se poi hanno voglia di fare degli origami di carta da distribuire sulla tavola, l'effetto arty è garantito.

H -30 m

→ Prima credevo che per l'aperitivo fosse obbligatoria ogni specie d'alcolici. Poi ho capito che bastano del vino rosso e del vino bianco per fare contenti tutti (e restare sobri per tutta la serata). Per gli astemi, acqua e succhi di frutta...
e il gioco è fatto!

L'ora H

→ Quando arrivano gli ospiti, servo dei bastoncini di sesamo (disposti in un bicchiere, per il tocco di classe), pomodorini e *mini crudités* (sempre in un bicchiere). L'essenziale è che i convitati non perdano l'appetito prima di sedersi a tavola. Ho notato che più c'è da aspettare, più trovano deliziosa la cena.

H +1.30

→ È l'ora di cuocere il riso basmati, il tocco raffinato della serata. A questo punto gli invitati cominciano a dare segni d'impazienza.

H +2

→ Gli ospiti, affamati, si avventano sui piatti. E impazziscono per quel pollo « alla… come si chiama? ». Con il passare degli anni mi sono resa conto di una cosa: la gente non viene da te per mangiare. Viene per vederti, non per fare una cena gastronomica: per quelle ci sono gli chef. E noi non siamo lì per dimostrare di essere un Cordon Bleu. Una delle cene più simpatiche alla quale sono stata invitata negli ultimi tempi è quella in cui il padrone di casa ha chiesto ad ogni ospite: « Che tipo di pizza vuoi? », dopo di che ha passato l'ordinazione al ristorante italiano sotto casa. Aveva capito tutto: noi eravamo soddisfatti delle nostre pizze e lui aveva potuto godersi tranquillamente la nostra compagnia. Passare la serata ai fornelli non è il massimo della modernità. Se volete davvero fare il Gualtiero Marchesi, dovete preparare quasi tutto in anticipo.

H +3

→ Per il dessert, bisogna sempre sorprendere gli ospiti con qualche trovata divertente. A me piace offrire della mousse al cioccolato in mini casseruole d'alluminio, tipo servizio per bambole. Oppure, per servire del buon gelato – ovviamente comprato – faccio delle palline che infilo in coni di cialda, il che rende tutto più divertente. Come succede per la moda e l'arredamento, less is more, e non strafare garantisce un'atmosfera rilassata. Sono pronta a scommettere che eserciti di donne schiave del vecchio codice del savoir vivre adotteranno quanto prima questo modo di ricevere… molto più allegro delle cene formali.

Come uno chef!

Ovviamente non si può servire dieci volte di seguito la stessa ricetta agli stessi amici! Se, come me, sapete fare soltanto il pollo in casseruola o la pastasciutta (è facile, c'è scritto tutto sulla confezione!), potete iscrivervi a un corso di cucina e imparare qualche facile e simpatica ricetta. Va bene anche per variare menu rispetto al sushi consegnato a domicilio, o rispetto al bar sotto casa che fa anche da tavola calda. Il mio indirizzo? *L'atelier de Fred*. Lo chef è simpatico, le ricette gustose e il posto delizioso. Un corso di cucina può anche essere un bel regalo per l'amica che serve pollo ogni volta che vi invita a cena!

La mia scuola di cucina preferita a Parigi?

L'atelier de Fred
Passage de l'Ancre
223, rue Saint-Martin, 3e
Tel. +33 (0)1 40 29 46 04
www.latelierdefred.com

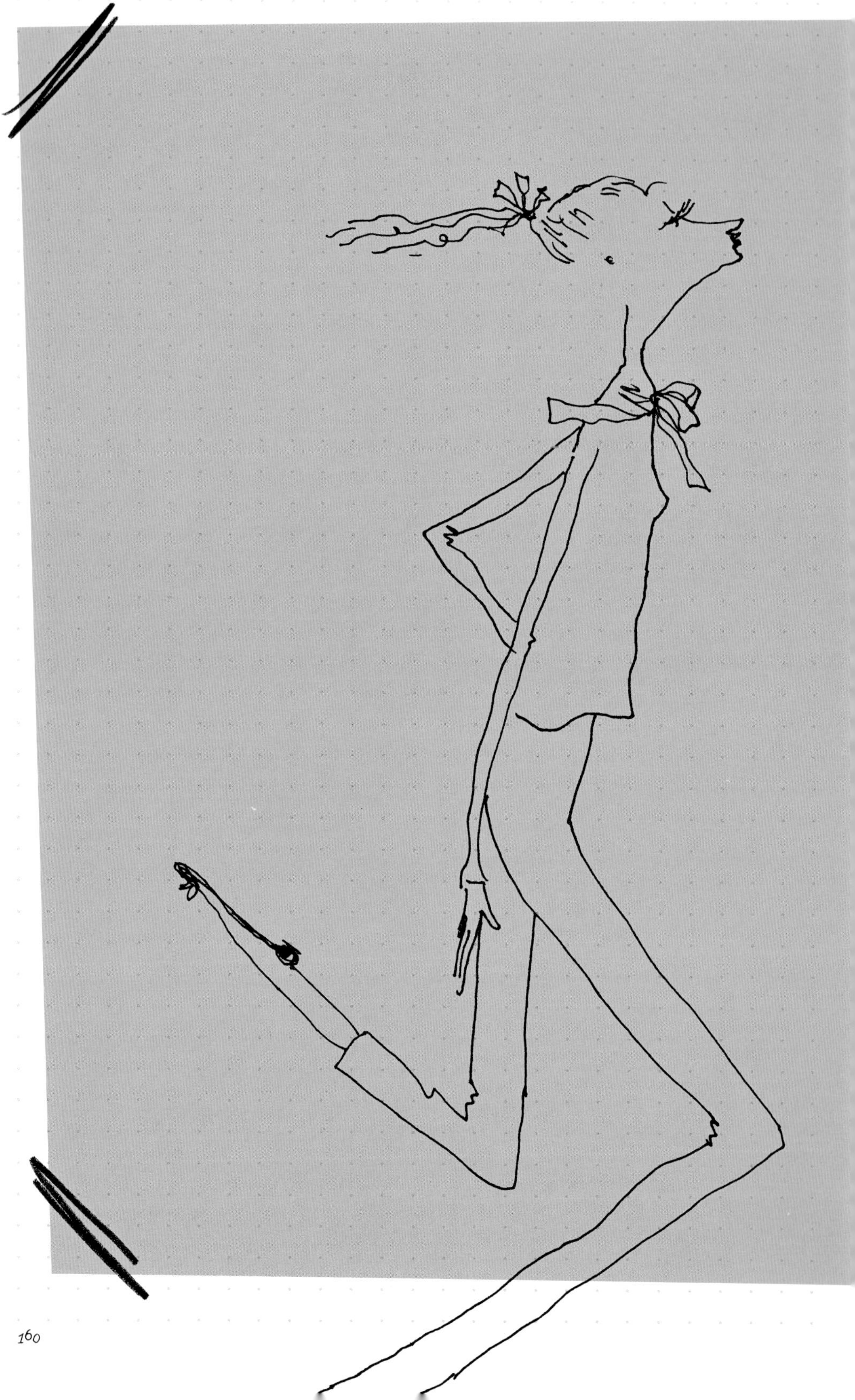

PARTE 4

La Parigi di Inea

1. Parigi, istruzioni per l'uso

Nella vita non esiste solo lo stile: c'è anche il modo di prendere la vita. La Parigina ha un modo tutto suo di vivere la sua città. Eccovi quattro atteggiamenti da adottare per essere una Parigina verace.

Musei fuori circuito

→ **Naturalmente ci sono il Louvre, il Museo d'Orsay e il Centro Pompidou… ma l'autoctono preferisce visitare i musei di cui si parla poco. Ha il pallino di far vedere che conosce l'arte fuori dai sentieri battuti. Ecco quattro dei miei musei preferiti.**

Il museo Dapper

50, avenue Victor-Hugo, 16e
Tel. + 33 (0)1 45 00 01 50
www.dapper.com.fr

✱ Per l'arte africana e, in particolare, per le sculture. Dire: « Vado al museo Dapper… lo conosci? » fa molto professionale, visto che pochi ne conoscono l'esistenza. Dopo di che si aggiunge: « Ci fanno delle mostre fantastiche! ».

Il museo Marmottan Monet

2, rue Louis Boilly, 16e
Tel. +33 (0)1 44 96 50 33
www.marmottan.com

✱ Dedicato all'impressionismo, è situato in un bell'hôtel particulier con giardino. È lì che bisogna andare per ammirare la più grande collezione al mondo di opere di Claude Monet. Impression…ante!

Il museo Cognacq-Jay

8, rue Elzévir, 3e
Tel. +33 (0)1 40 27 07 21

✱ Questo piccolo museo d'arte è un segreto ben custodito, perfino a Parigi! Vi si possono ammirare pitture, sculture, disegni, mobili, porcellane, quasi tutti del XVIII secolo. Si tratta di opere collezionate da Ernest Cognac, fondatore dei grandi magazzini della Samaritaine. Fa *très Paris*!

Il museo Jacquemart-André

158, boulevard Haussmann, 8e
Tel. +33 (0)1 45 62 11 59
www.musee-jacquemart-andre.com

✱ Una collezione raccolta da una coppia di appassionati che amava la pittura italiana quanto quella fiamminga, nonché i mobili rari. A cinque minuti dagli Champs Élysées, in una casa che meriterebbe da sola la deviazione. Nella sala da tè, una delle più chic della capitale, il « vietato toccare » non vale più e si mangiano dei dolci che sono vere e proprie opere d'arte.

Atteggiamenti parigini

→ « Cosa ? Non ci sei mai stata ? ». La Parigina adora cogliere gli amici in flagrante delitto d'ignoranza. Soprattutto quando si tratta di luoghi mitici che tutti credevano scomparsi. Le piace far rivivere i luoghi storici della capitale, che diventano subito dei luoghi « in » …

Mitico studio

« Questa foto è stata fatta a velocità supersonica ». Alla Parigina piace dire che tutto quello che fa non è costato la minima fatica. Anche se si tratta di una foto ultra glam e rimaneggiata che ricorda quelle delle dive degli anni 1930. Il suo indirizzo feticcio? Lo Studio Harcourt Paris. Dal 1934 tutte le celebrità si fanno immortalare in questo inconfondibile stile bianco/nero. Naturalmente ci si può andare per un semplice ritratto, oppure con addosso il vestito da sposa per ambientare il Grande Giorno in una cornice da sogno. Ma la Parigina preferisce scegliere la « Giornata moda e leggenda ». Una giornata di shooting fotografico come una top model. Bisogna essere come minimo in quattro amiche. Molto caro e da considerare un regalo eccezionale. Ovviamente a qualcuna può ricordare un po' troppo l'ufficio… ma quando si ama il proprio lavoro, si è perfino disposti a pagare per farlo!

Studio Harcourt

10, rue Jean Goujon, 8e
Tel. +33 (0)1 42 56 67 67
www.studio-harcourt.eu/fr

Frequentare le vecchie librerie

→ **La Fnac è senza dubbio molto pratica, ma se si vuole l'autentico bisogna frequentare le vecchie librerie. Da notare che la Parigina compra libri, ma non ha mai il tempo di leggerli!**

Galignani

La prima libreria inglese stabilitasi sul continente. Ovviamente non ci si trovano soltanto libri e riviste in inglese! Il reparto moda è favoloso, potrei passarci ore e ore!

224, rue de Rivoli, 1er
Tel. +33 (0)1 42 60 76 07
www.galignani.com

Librairie F. Jousseaume

Il passage ne fa un luogo tranquillo e con una bella luce. Un appassionato di vecchie edizioni non può non amarlo. Vi si trovano anche stampe di moda del XIX secolo.

45–47, galerie Vivienne, 2e
Tel. +33 (0)1 42 96 06 24

© Karl Lagerfeld

L'Écume des Pages

La libreria culto di Saint-Germain-des-Prés: propone sempre i libri di cui si parla nella capitale.

174, boulevard Saint-Germain, 6e
Tel. +33 (0)1 45 48 54 48
www.ecumedespages.fr

La Librairie des Archives

Una miniera per quanto riguarda i volumi d'arte e per scovare opere rare o esaurite.

83, rue Vieille-du-Temple, 3e
Tel. +33 (0)1 42 72 13 58
www.librairiedesarchives.com

Librairie 7L

Pur non essendo una libreria antica, è già un cult. Visto che ad aprirla è stato King Karl Lagerfeld, gli si può dare fiducia circa la qualità delle opere presenti. Moda, design, foto, arti e architettura, i libri belli sono sono tutti qui. Anche quello sulla magica vita di Choupette.

7, rue de Lille, 7e
Tel. + 33 (0)1 42 92 03 58
www.librairie7L.com

Espatriare restando in città

Che cosa fa una Parigina per sentirsi in vacanza senza muoversi dall'amata capitale? Cambia quartiere per vedere altri paesi. Ecco i miei indirizzi di globe-trotter intra-muros per vivere all'estero senza oltrepassare i boulevards periferici.

Il Giappone

Lô Sushi

8, rue de Berri, 8e
Tel. +33 (0)1 45 62 01 00
www.losushi.com

Ottima soluzione per un pasto veloce. Non c'è da aspettare, i piatti scorrono su un grande nastro trasportatore e ci si serve da soli (i prezzi sono indicati da un codice colorato per ogni piatto). Ma in questo posto dal design simpatico è anche piacevole indugiare. Quando si è giapponesi e *lost in translation* nella capitale, fa piacere mangiare come a casa propria senza dover decifrare un menu incomprensibile.

L'India

La Maison du Kashmir

8, rue Sainte-Beuve, 6e
Tel. +33 (0)1 45 48 66 06

Impossibile sbagliare. Basta vedere l'arredamento del ristorante per capire che non siamo in Nicaragua... Rosso, rosa, tende bordate di fili d'oro, tovaglioli piegati a ventaglio: siamo in India! Che cosa ordinare? Thali vegetariano e lassi dolce. L'effetto esotico è garantito!

L'Oriente

La sala da tè della Moschea di Parigi

39, rue Geoffroy-Saint-Hilaire, 5e
Tel. +33 (0)1 43 31 18 14

D'estate ci si siede nel caratteristico cortiletto decorato di mosaici dove vi servono dei tè alla menta iper-zuccherati. I dolci sono esposti in una bacheca di vetro: paste al miele, alle mandorle, corni di gazzella... Non certo dietetici, ma di un buono!

La Tailandia

Le Comptoir de Thiou

12, avenue Georges-V, 8e
Tel. 01 47 20 89 56

Il posto ideale per pranzare se state facendo dello shopping nell' 8e arrondissement. *Le Tigre qui pleure* (La Tigre che piange) è un must, come pure il Pad Thai. Coronare il pranzo con un infuso alla citronella vi permetterà di alzarvi da tavola leggeri.

Gli Stati Uniti

Coffee Parisien

4, rue Princesse, 6e
Tel. +33 (0)1 43 54 18 18

Buona atmosfera americana, con i ritratti dei presidenti degli Stati Uniti alle pareti e sulle tovagliette. Il posto ideale per portarci i bambini che reclamano hamburger e patatine fritte. Per genitori desiderosi di mantenere la linea, la casa offre ottime insalate.

Thanksgiving

20, rue Saint-Paul, 4e
Tel. +33 (0)1 42 77 68 29
www.thanksgivingparis.com

Una pizzicheria con prodotti made in USA (farina per pancakes, il popcorn di Paul Newman, gli Oreo e, all'avvicinarsi del Thanksgiving, enormi tacchini). Per i fanatici del brunch c'è il ristorante cajun al primo piano.

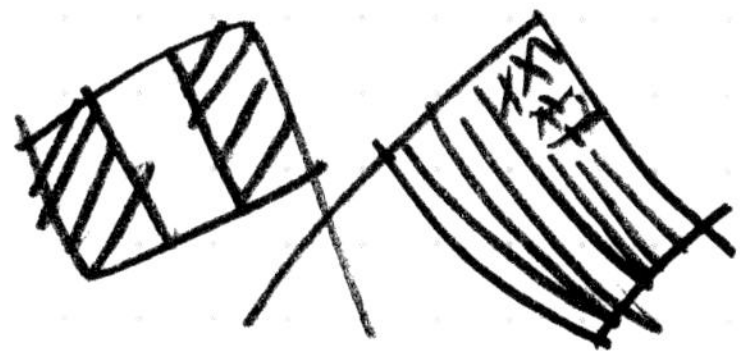

L'inghilterra

WH Smith

248, rue de Rivoli, 1er
Tel. +33 (0)1 44 77 88 99
www.whsmith.fr

La mini pizzicheria al primo piano propone prodotti inglesi impossibili da trovare altrove. Ci vado soprattutto per i libri (bellissimi quelli per bambini), per i Dvd e le riviste in lingua originale perché, qui, come avrete capito, *we speak english*.

L'italia

Casa Bini

36, rue Grégoire-de-Tours, 6e
Tel. +33 (0)1 46 34 05 60

Una vera istituzione per quanto riguarda la cucina toscana. Accoglienza calorosa all'italiana, pasta freschissima. L'arredamento è un po' austero, ma la clientela veramente chic. Si consiglia di prenotare: certi aficionados di Casa Bini vengono tutte le settimane e non ne vogliono sapere di cedere il posto.

2. La Parigi dei piccoli

Le mie amiche di provincia mi chiedono sempre: « Ma come fai, a Parigi, con i bambini? ». Semplicissimo: Parigi offre tante di quelle possibilità per tenerli occupati, che non mi sono mai posta la domanda. Musei, parchi, negozi di giocattoli, librerie, spettacoli e monumenti… portare i figli a spasso per Parigi è sempre un divertimento!

Bonpoint

Da Bonpoint, impossibile non trovare quello che si cerca! Soprattutto se si va nella boutique di rue de Tournon, spazio di sublime bellezza. Dal bebè al teenager, ce n'è per tutti. Colori tenui, imprimés delicati e tagli easy-chic. D'inverno ci si precipita sui piumini, d'estate ci si innamora dei vestitini in tessuto Liberty e delle camicie per ragazzo. La speciale acqua di colonia per bebè è il regalo perfetto per un nuovo arrivato.
Se i bambini si spazientiscono mentre voi fate shopping (ma non dovrebbero, vista la presenza di una capanna di legno nella quale giocare), promettete loro un brownie nel ristorante sotto la boutique, il cui cortile frondoso è uno dei segreti meglio custoditi di Parigi… per lo meno fino alla pubblicazione di questa guida!

Beverly Hills: 9521 Brighton Way
New York: 810 e 1269 Madison Avenue e 392 Bleeker Street
Palm Beach, FL: 246 Worth Avenue
Londra: 256 Brompton Road, 15 Sloane Street, 52–54 Marylebone High Street e 197 Westbourne Grove
Parigi: 6, rue de Tournon, 6e
Tel. +33 (0)1 40 51 98 20
www.bonpoint.com

Bonpoint

Bonpoint

Baudou

Anche se il nome è cambiato e non ne fa più menzione, si tratta del negozio di mobili Bonpoint: l'indirizzo giusto per chi vuole una camera da bambini senza decorazioni leziose. Colori tenui e niente arzigogoli inutili. Il posto dove trovare una semplice culla di vimini. E se non avete più spazio per i mobili, potete comprarvi uno dei loro irresistibili peluches.

7, rue de Solferino, 7e
Tel. +33 (0)1 45 55 42 79
www.baudoumeuble.com

Zef

Un poetico universo d'ispirazione italiana, come la sua creatrice Mariù De Andreis. La star del negozio? Le stoffe stampate a stelle.
È tutto delizioso, dai vestitini leggeri ai cappotti d'inverno.
Incantevole la collezione Zef Piccolo per neonati. Verrebbe voglia di comprare tutto: impossibile uscire a mani vuote. Non ditemi poi che non vi ho avvertite!

15, rue Debelleyme, 3e
Tel. +33 (0)1 42 76 09 65 e
55 bis, rue des Saints-Pères, 6e
Tel. +33 (0)1 42 22 02 93
www.zef.eu

il jardin du Luxembourg

Il parco preferito dai bambini della Rive Gauche. Peccato che ai picnic venga concessa soltanto un'esigua striscia di prato. Per fortuna ci sono molte altre cose da fare. Eccovi il percorso ideale di un pomeriggio perché i vostri piccoli vadano a letto presto:

* **Appuntamento alla vasca davanti al Senato:** cominciate con l'affittare una barchetta a vela da spingere con un bastone. Osservate le anatre.

* **Dirigetevi alle altalene** (subito accanto al tennis). Piazzate i bambini su un'altalena e spingete.

* Dopo averli ben ben dondolati, **metteteli sulle macchinine a pedali** del viale retrostante. Lasciateli pedalare.

* Dopo la fatica, il ristoro: una bella crèpe **al chiosco dei burattini!**

* Largo allo spettacolo (soprattutto se piove e d'inverno) nel **teatro coperto dei burattini** del Luxembourg. Un teatrino all'antica che ricorderanno per tutta la vita.

* Dopo lo spettacolo, **un giro di giostra** durante il quale, però, i bambini non restano inattivi: devono acchiappare con un bastoncino dei cerchi di metallo tenuti in mano dal signore della giostra.

* Finite la giornata in bellezza **con un giretto sul poney** (nel viale di fronte all'ingresso Guynemer). Dopo un programma del genere, vi garantisco una serata tranquilla… A meno che, dopo una giornata così piena, non siate sfinite anche voi!

il parco delle Buttes Chaumont, 19e

Spesso dimenticato perché fuori dai sentieri battuti, è un parco collinoso che offre bellissime vedute di Parigi. Anche qui, come al Luxembourg, ci sono dei giochi, un teatro dei burattini e dei poneys. La parte più amata dai bambini? Le grotte con le stalattiti, le cascate, la passerella e il ponte sospeso. Ed è consentito fare il picnic sui prati. La gita vale il biglietto del metrò!

Fashion kid

Tre idee per vestire i propri bambini:

- **Evitate i colori troppo sgargianti:** il fatto che si tratti di bambini non è una buona ragione per vestirli come pagliacci.

- **Non esitate ad adottare il total-look nero** che, oltretutto, offre il vantaggio di essere meno sporchevole. E se ci tenete al tocco d'allegria, abbinateci delle scarpette colorate, un foulard o un cappotto vivace. Un trucco di stile raccomandabile anche a chi ha più di dieci anni!

- **Per evitare che il vostro piccolo faccia la sua fashion-ribellione, lasciatelo libero d'indossare una cosa che gli piace.** Se poi il maschio vuole a tutti i costi quella t-shirt arancio fluorescente con sopra il suo eroe preferito, e la bambina pretende di andare in città con il tutù rosa… pazienza! Chi non ha mai fatto un errore di gioventù?

1 1/2
6

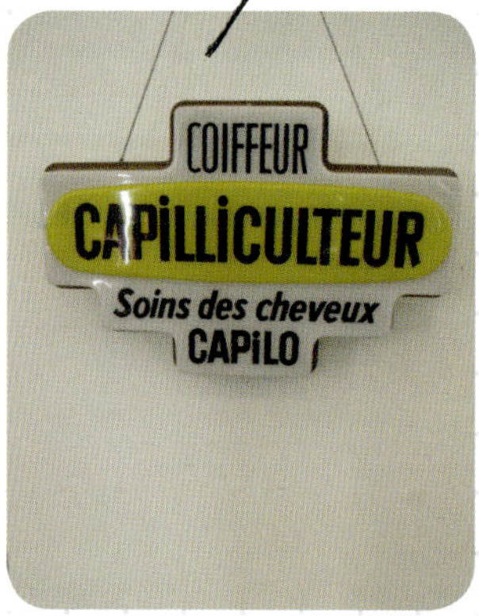
COIFFEUR
CAPILLICULTEUR
Soins des cheveux
CAPILO

Bonton

Qui siamo nel vero e proprio impero Bonton, con le cose che più ci piacciono. I vestiti sono sobri e portabilissimi. La ricetta? Un pizzico di stile boho, bei materiali e colori vivaci ma non troppo. Sono così belli che si vorrebbe che la Bonton non si limitasse ai bambini. In questo nuovo spazio, posto a pochi passi dalla boutique Merci *(v. Indirizzi per arredare)*, i tre piani permettono di vestire i bambini, di arredarne la camera (ci sono un sacco di piccoli oggetti divertenti) e perfino di pettinarli (nella boutique c'è anche uno specialista dei capelli). Si può anche fare merenda con dolci buoni quanto belli e i bambini possono partecipare a dei laboratori creativi. L'attrazione che li fa impazzire? La cabina vintage Photomaton per foto in bianco e nero, che scatta quattro istantanee impossibili da cancellare, come quelle digitali. In questa boutique ci sono tante di quelle cose da fare che ci si potrebbe passare la giornata!

5, boulevard des Filles-du-Calvaire, 3e
Tel. +33 (0)1 42 72 34 69 e
82, rue de Grenelle, 7e
Tel. +33 (0)1 44 39 09 20
www.bonton.fr

Wowo

Un po' pop, un po' retrò, un po' etnico, molto graphic style e, soprattutto, coloratissimo. Vestiti buffi per bambini che non ci tengono a sembrare seri. Si raccomanda vivamente di abbinarli con indumenti più sobri.

5, rue Froissart, 3e
Tel. +33 (0)1 53 40 84 80
Per ordinare: www.alexandalexa.com
www.wowo.fr

www.parisdenfants.com

Per visite ludiche ai musei (a partire dai 5 anni) o per itinerari all'interno di Parigi (spesso presentati sotto forma di cacce al tesoro).
Talmente appassionanti che non sentirete mai i bambini dire: « Quando ce ne andiamo? », oppure: « Prendiamo il metrò, non ce la faccio più a camminare! ».

Balouga

Il pioniere del design dell'arredamento junior: mobili concepiti da grandi designers, riedizioni di pezzi celebri, gadgets. Un posto fantastico. Credo che inserire nella camera dei bambini un tocco design (per esempio, un calendario tipo cartello indicatore) possa creare ricordi che dureranno tutta la vita. Una specie d'iniziazione alla cultura!

25, rue des Filles-du-Calvaire, 3e
Tel. +33 (0)1 42 74 01 49
www.balouga.com

Agnès b. enfants

La marca ideale quando volete vestire di nero i vostri pargoli. Agnès b. è stata una delle prime stiliste a osare il color ala di corvo per i piccoli. Applaudo di cuore.

Jour Enfant
2, rue du Jour, 1er
Tel. +33 (0)1 40 39 96 88
www.agnesb.com

Il Museo Nazionale di Storia Naturale & lo Zoo del Jardin des Plantes

Ogni piccolo parigino è venuto almeno una volta (spesso con la sua classe) ad ammirare la Grande Galerie de l'Évolution con tutti quegli animali imbalsamati o impagliati. Quando è bel tempo, si va alla Ménagerie, uno degli zoo più antichi d'Europa. Tentare di scollare i bambini dalla gabbia delle scimmie quando lo zoo sta per chiudere è un'esperienza vissuta da migliaia di genitori. La novità del Jardin? Le quattro serre tropicali riaperte dopo cinque anni di restauri.

36, rue Geoffroy Saint-Hilaire, 5e
Tel. 01 40 79 54 79
www.mnhn.fr

La torre Montparnasse

Il più bel panorama di Parigi, perché si vede la Tour Eiffel e non la Tour Montparnasse!

33, avenue du Maine, 15e
Tel. +33 (0)1 45 38 52 56
www.tourmontparnasse56.com

La caféteria del Museo Rodin

D'estate, il posto ideale per un pranzo con i bambini: in mezzo al verde, ma circondati da sculture famose. Farsi una cultura senza parere è un tipico atteggiamento da « piccolo parigino ».

79, rue de Varenne, 7e
Tel. +33 (0)1 44 18 61 10
www.musee-rodin.fr

Il Museo Carnavalet

I due hôtels particuliers che ospitano il museo valgono la visita da soli! Per i bambini è fondamentale conoscere la storia di Parigi. Sapere che sotto l'avenue Daumesnil è stato trovato un dente di mammuth può farli chiacchierare per giorni. Visto che il museo ospita 600.000 opere, si ha il diritto di non vedere tutto in una volta!

23, rue de Sévigné, 3e
Tel. 01 44 59 58 58
www.carnavalet.paris.fr

Shakespeare & Company

Attraverso le scale sul retro di questa leggendaria istituzione parigina salite fino al confortevole angolo dei bambini, fornito dei successi inglesi e americani, di comodi cuscini e perfino del gatto di casa!

37, rue de la Bûcherie, 5e
Tel: +33 (0)1 43 25 40 93
www.shakespeareandcompany.com

Il Giardino delle Tuileries

Se i vostri figli sono di quelli che si mettono a saltare sul letto quando non sanno che cosa fare, portateli in questo giardino, dove 8 grandi pedane elastiche permettono di decollare da terra. Molto più divertente che stare seduti sulla giostra!

La torre Eiffel

Impossibile evitarla!
Per non fare la coda come i turisti, prenotate i biglietti sul sito Internet. (www.tour-eiffel.fr) oppure… salite a piedi!

La librairie Chantelivre

Il tempio del libro per l'infanzia. Le vetrine fanno venire un sacco d'idee. Una libreria che mette ai piccoli la voglia di leggere… tanto di cappello!

13, rue de Sèvres, 6e
Tel. +33 (0)1 45 48 87 90
www.chantelivre.fr

Pain d'épice

Un posto unico in un passage tipicamente parigino. Questa boutique di giocattoli tradizionali è il paradiso della casa per bambola: ce ne sono di tutte le misure e, quel che più conta, c'è tutto l'occorrente per ammobiliarle, perfino le toilettes, dei mini-dolci e il Monopoli in miniatura! Quando voglio fare un regalo molto personale, compro una scatola-espositore in legno e vetro e ci metto dei mini-oggetti che hanno a che fare con il destinatario: un trapano per un appassionato del fai-da-te, un vestito per bambola se si tratta di una ragazza alla moda. Ne viene fuori un oggetto decorativo divertente.

29–33, passage Jouffroy, 9e
Tel. +33 (0)1 47 70 08 68
www.paindepices.fr

Il giardino Catherine Labouré

29 rue de Babylone, 7e

Recintato com'è da un muro, dalla strada non lo si nota. Uno dei rari giardini di Parigi dove sia consentito camminare sull'erba. Per un picnic chic si vanno a comprare le provviste alla Grande Épicerie, poco lontano da lì.
Un parco per iniziati, visto che è escluso scoprirlo per caso.

Luco

Più Rive Gauche di così, si muore: Luco è il soprannome dato dai monelli del quartiere al giardino del Luxembourg. Abiti sobri, eleganti, con un tocco di rock'n'roll. L'autentico chic parigino!

24, rue de Babylone, 7e
Tel. +33 (0)1 45 48 86 09
www.luco.fr

Il Palais de Tokyo & Tokyo Eat

In questo museo d'arte contemporanea non ci sono collezioni permanenti, ma esposizioni temporanee di grande interesse. I bambini ci vengono soprattutto per i laboratori creativi, Les Ateliers Tok-Tok. L'artista in erba visita la mostra, dopo di che crea la propria opera in rapporto al mondo che ha visto. I tipi veramente arty festeggiano qui il loro compleanno (*mon annivarty*). Poi si va al ristorante ultra-design – il Tokyo Eat - che propone un *menu-enfant* assolutamente delizioso, compresi ottimi hamburger. Anche i grandi apprezzano questo cibo quanto mai contemporaneo. La domenica si consiglia vivamente di prenotare.

13, avenue du Président Wilson, 16e
Palais de Tokyo: Tel. +33 (0)1 47 23 54 01
Restaurant Tokyo Eat:
Tel. +33 (0)1 47 20 00 29
www.palaisdetokyo.com

e-boutiques per bambini accompagnati dal mouse:

www.ovale.com
Per neonati di gran lusso. Come il sonaglio fatto a cuore, in argento massiccio, riciclabile in seguito come portachiavi.

www.aliceaparis.com
Fibre naturali, semplicità di forme, prezzi abbordabili: il trio perfetto!

www.talcboutique.com
Minimalismo e creatività insieme in questa marca che veste dai 3 mesi ai 10 anni. La griffe ha anche delle vere boutiques a Parigi, nel 3e (60, rue Saintonge) e nel 6e (7, rue des Quatre-Vents).

www.littlefashiongallery.com
Un e-indirizzo indispensabile per le Parigine che vogliono vestire i loro figli in stile trendy-chic. Per i 10-20 anni, cliccare anche: www.mediumfashiongallery.com.

www.smallable.com
Una serie di piccole griffes deliziosamente « in ». Ci si trovano anche i giocattoli dal design « eco-friendly ».

www.petitstock.com
Capi griffati a prezzi scontati. Le Parigine ne vanno matte!

École Ritz-Escoffier

Il più bel regalo per un bambino desideroso di fare la parte di Remy in *Ratatouille*? Un corso di cucina alla scuola Ritz-Escoffier. Il piccolo chef indosserà una tenuta da grande chef e preparerà un piatto scelto secondo un programma (disponibile sul sito). Dopo di che si porterà a casa la sua creazione prêt-à-manger, ma d'alta cucina. E vorrà anche ripetere l'esperimento!

15, place Vendôme, 1er
entrata degli studenti: 38, rue Cambon, 1er
Tel. +33 (0)1 43 16 30 50
www.ritzparis.com

Serendipity

Per i genitori desiderosi che la camera dei loro figli non somigli a nessun'altra. La parola che viene in mente entrando in questo negozio è: eclettico. Cercate una culla di cartone? Eccola lì. Un banco scolastico con la sua panca? Presente. Un copripiumone stampato a stelle? C'è anche quello. Legno non trattato, mobili artigianali e fibre naturali: un mix quanto mai XXI secolo.

81–83, rue du Cherche-Midi, 6e
Tel. + 33 (0)1 40 46 01 15
www.serendipity.fr

Ie

Posticino delizioso, pieno di belle stoffe da comprare a metraggio e di piccoli tesori che mettono voglia di fare un sacco di cose. Da non perdere il reparto cartoleria con i taccuini stile vintage. Ie propone anche indumenti junior realizzati in India con fibre naturali, tessute e stampate artigianalmente. Roba che dura!

128, rue Vieille-du-Temple, 3e
Tel. + 33 (0)1 44 59 87 72

3. i begli indirizzi

Le spa

Françoise Morice

Il salone professionale per antonomasia. Françoise ha la dote di trasformare la nostra pelle e di cancellarne ogni traccia di stanchezza. Ha anche messo a punto una tecnica – la kineplastia – per mantenere la pelle giovane, rassodarla, tonificarla e distendere i tratti del volto. Funziona! Sono uscita dal salone ripromettendomi di tornarci ogni settimana… ma naturalmente non ne ho avuto il tempo!

58 bis, rue François Ier, 8e
Tel. +33 (0)1 42 56 14 08
www.francoise-morice.fr

Six Senses

Questa recente spa dall'arredamento ultra-naturale – le cabine sono dei bozzoli di legno e il muro dell'ingresso è vegetale – non è la prima di questa catena, che ne possiede varie altre nel mondo. Ma le Parigine adorano il materiale autoctono usato per la cura del viso: il miele dei tetti di Parigi! Un miele fornito dalle piccole api cittadine del vicino Jardin des Tuileries e raccolto nelle arnie posate sul tetto della spa. *C'est ça Paris!*

3, rue de Castiglione, 1er
Tel. +33 (0)1 43 16 10 10
www.sixsenses.com

Nuxe

Tutte le Parigine possiedono almeno un prodotto Nuxe (l'Huile Prodigieuse è un must) acquistato in farmacia o al supermercato (le francesi adorano comprare i prodotti di bellezza al supermercato!). L'apertura della spa Nuxe le ha fatte felici! L'arredamento – colori naturali e pietra a vista – crea un'atmosfera zen fin dal primo approccio.

32, rue Montorgueil, 1er
Tel. +33 (0)1 42 36 65 65
www.nuxe.com

I capelli

Studio 34

Un posto super-accogliente, annidato in un cortiletto pieno di piante. Aperto da Delphine Courteille, una hair designer abituata ai backstages delle sfilate di moda, il salone sembra un appartamento privato ed è frequentato da vip. Per il colore, chiedete di Jean che ha lavorato a lungo con Christophe Robin e che ha gentilmente accettato di farmi bionda quando nessuno osava farlo!

34, rue du Mont-Thabor, 1er
Tel. +33 (0)1 47 03 35 35
www.delphinecourteille.com

Très confidentiel Bernard Friboulet

In un ambiente bianco come un laboratorio, Bernard Friboulet – un artista che lavora spesso negli studi fotografici – dispensa la Shu Uemura Art of Hair, favolosi trattamenti concepiti come vere e proprie cerimonie giapponesi sul tipo di quella del tè. Da provare all'istante! Il punto forte? Prima di impugnare le forbici, Bernard vi fa un sacco di domande: garanzia che non ci saranno brutte sorprese.

Jardins du Palais Royal
44–45, galerie de Montpensier, 1er
Tel +33 (0)1 42 97 43 98

Romain Colors

L'indirizzo giusto per chi punta sulla naturalezza. Romain usa colori vegetali e lavora con mano leggera. Sa sempre dare splendore al nero ed esaltare il biondo con qualche mèche azzeccata. Le sue pozioni magiche ridanno vita ai capelli e i suoi balayages sono sempre fatti in modo che non si noti la ricrescita. L'atmosfera del salon è simpatica come il suo proprietario. Se volete un taglio, niente paura: chi impugna le forbici rispetta sempre la lunghezza desiderata dalla cliente. Il grande *atout* di Romain Colors? Il mercoledì resta aperto fino a tarda notte! Che aspettate ad andarci?

37, rue Rousselet, 7e
Tel. +33 (0)1 42 73 24 19
www.romaincolors.fr

Manicure express

Nail Factory

Visto che non è il tipo da delegare ogni cosa ai professionisti della bellezza, la Frenchy può talvolta offrirsi una manicure in un luogo dedicato esclusivamente a questo scopo. Nella Nail Factory (3 indirizzi a Parigi) sembra di stare a New York! Eh, sì: la Parigina adora avere l'impressione di trovarsi nella Big Apple, pur restando nella Ville Lumière.

147 rue de la Pompe, 16e
Tél. 01 56 26 01 08
www.nailfactory.fr

I profumi

Les Salons du Palais Royal/ Les parfums de Serge Lutens

Un luogo sublime. I profumi di Serge Lutens hanno tutti una forte personalità. D'estate mi piace lo speziatissimo Ambre Sultan. Un indirizzo prezioso per un regalo, dato che si possono fare incidere delle iniziali sui bei flaconi di profumo. Da provare subito: i deliziosi rossetti in formato mini, comodissimi da portare in borsetta.

Jardin du Palais Royal
142, rue de Valois, 1er
Tel. +33 (0)1 49 27 09 09
www.salons-shiseido.com

Guerlain

Mitico! Il simbolo dei profumi di lusso made in France. Monsieur Guerlain, sempre presente, continua a sfornare idee per nuove fragranze. Quanti profumi culto! Mitsouko, Shalimar, Habit Rouge, Vétiver, tutti quelli della collezione La Parisienne, le riedizioni di quelli storici della Maison…
Senza dimenticare la famosa cipria Terracotta, per abbronzare tutte le Parigine che non vedono il sole dal loro ufficio!

68, avenue des Champs-Élysées, 8e
Tel. +33 (0)1 45 62 52 57
www.guerlain.com

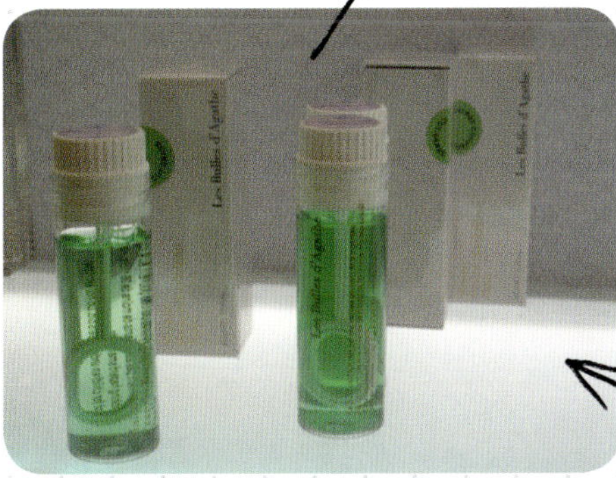

Maison Francis Kurkdjian

Un bel posto per regali profumati: le acque di colonia, sobriamente battezzate « da mattina » e « da sera », sono deliziose. Per divertirsi (e divertire i bambini) si soffiano bolle di sapone alla pera. Il massimo dello chic? Il sapone profumato che mette voglia di fare il bucato tutti i giorni.

5, rue d'Alger, 1er
Tel. +33 (0)1 42 60 07 07
www.franciskurkdjian.com

Éditions de Parfums/ Frédéric Malle

Ci si va per le creazioni originali elucubrate dai grandi nasi del momento. Veri e propri capolavori olfattivi. Irresistibili i sentori per la casa!

37, rue de Grenelle, 7[e]
Tel. +33 (0)1 42 22 76 40
www.editionsdeparfums.com

Diptyque

Le Parigine vanno matte per le sue candele, ma non dimentichiamoci che Diptyque fa anche dei profumi inebrianti. Come Philosykos, una fragranza legnosa e raffinata. Da provare anche i prodotti di bellezza: il Lait Frais ai fiori d'arancio è divino.

34, boulevard Saint-Germain, 5[e]
Tel. +33 (0)1 01 43 26 77 44
www.diptyqueparis.com

Il top delle candele

Cire Trudon

La più antica fabbrica di candele del mondo, sulla quale vigila il talentuoso direttore artistico Ramdane Touhami. Una Trudon è l'equivalente in cera di una borsa di Hermès. Offrite a un'amica L'Admirable, dall'irresistibile sentore d'acqua di Colonia, dicendole: « Un'it-candela è molto più mistica di un'it-bag! ».

78 rue de Seine, 6e
Tel. + 33 (0)1 43 26 46 50
www.ciretrudon.com

Il top 5 dei fiorai parigini

ARÔM PARIS

Dei bouquet meravigliosamente creativi. Viene spesso invitato a decorare le soirées alla moda.

196, rue du Faubourg Saint-Antoine, 12e
Tel. + 33 (0)1 43 46 82 59
www.aromparis.fr

ODORANTES

Ultramoderno. Si è conquistati dalla confezione nera che conferisce profondità al più semplice bouquet.

9, rue Madame, 6e
Tel. + 33 (0)1 42 84 03 00
www.odorantes-paris.com

LACHAUME

Lo spirito della haute-couture in creazioni ultra sofisticate.

10, rue Royale, 8e
Tel. + 33 (0)1 42 60 59 74
www.lachaume-fleurs.com

MOULIÉ

La vera tradizione francese. Moulié è conosciuto per essere il fornitore dei ministeri, delle ambasciate e dei grandi couturiers.

8, place du Palais-Bourbon, 7e
Tel. + 33 (0)1 45 51 78 43
www.mouliefleurs.com

ROSES COSTES DANI ROSES

Rose sublimi e speciali create da Dani, autentica Parigina e grande artista.

239, rue Saint-Honoré, 1er
Tel. + 33 (0)1 42 44 50 09

4. Mangiare a Parigi

Dal classico bistrot ai templi dell'alta cucina decorati con stelle Michelin, la Ville Lumière ha in serbo qualcosa per tutti. I boulevards sono bordati da file di caffè le cui terrasses offrono un punto d'incontro ideale per la colazione e l'aperitivo. Ecco i miei preferiti.

Very Paris

Sono questi i bistrot e i ristoranti dove cercare il vero spirito parigino! Anche se la Parigina mangia spesso il sushi come in *Sex and the City*, è qui che viene a parlare di Bardot e Beauvoir con le amiche.
Il best of dei più veraci indirizzi della capitale.

il Café de Flore

Lo spirito del Flore

→ Il Flore è così strettamente associato a Parigi da essere diventato praticamente un cliché. Nonché una mentalità, visto che rappresenta il cuore di Saint-Germain-des-Prés. Dire Flore significa dire l'esistenzialismo, Jean-Paul Sartre, Françoise Sagan, Boris Vian, Miles Davis ma, soprattutto, lo spirito francese: ribelle, provocatorio, gioviale, generoso e anticonformista. Spesso un areopago della sinistra, come la riva su cui si trova.

I paradossi del Flore

* Ci si può stare tranquilli (soprattutto al secondo piano) MA ci si incontrano un sacco di conoscenti.

* È un locale moderno, MA dal décor vecchio stile.

* È un ristorante, MA ci si può venire anche solo a prendere un caffè.

* È accogliente, MA grande.

* È anticonvenzionale, MA classico.

* Ci si incontrano lo scrittore Jorge Semprun, Steven Spielberg, Sofia Coppola o l'avvocato ed ex ministro Geoges Kiejman, MA anche tanta gente fashion e… me! →

LA FRASE FATIDICA

« C'eri, all'ultima serata
del Prix de Flore?
Ah, non hai ricevuto l'invito?
Che peccato! »

Dove sedersi?

Subito a sinistra dell'ingresso, vicino alla cassa: è il tavolo degli iniziati. Al primo piano, se si vuole stare tranquilli e avere più luce. Ma dovunque ci si metta, la cassiera vigila con occhio connivente e i camerieri lavorano con cortesia e humour. Un ambiente davvero simpatico, creato dal proprietario Miroslav Siljegovic.

Quando andarci?

A pranzo nei week-end. Ma è anche il ritrovo ideale quando non si sa in quanti saremo, o per pranzarci con un'amica, o la sera a cena con l'innamorato o con gli amici... Insomma, al Flore ci si può passare la vita!

Che cosa ordinare

* L'insalata Colette (pompelmo, cuori di lattuga e avocado).

* Delle uova strapazzate non troppo cotte.

* Il Welsh Rarebit (una specialità a base di Cheddar, birra e toast) che placa la fame subito e a lungo.

* Il Flore (il *croque-monsieur* della casa).

* L'insalata di fagiolini verdi (sembrerebbe basico, ma i fagiolini sono al dente come di dovere).

* La cioccolata calda con una nuvola di Chantilly, o *chocolat liégeois*.

Dress code

→ Meglio rispettare l'eleganza easy chic tipica della Rive Gauche (per esempio: jeans, giacca da uomo e ballerine). Un consiglio: evitare come la peste il rosso (il colore dei sedili) se non volete passare completamente inosservata.

172, boulevard Saint-Germain, 6e
Tel. +33 (0)1 45 48 55 26
Aperto tutti i giorni dalle 7 alle 2 del mattino.
www.cafedeflore.fr

Le Chartreux

LA FRASE FATIDICA

« È incredibile quanti Prix Goncourt ai trovino in questo bar! »

Buono a sapersi

È il quartier generale dei genitori della scuola accanto, per cui risulta spesso sovraffollato verso le 8:30 di mattina. All'ora di pranzo viene preso d'assalto dagli studenti e la sera è adottato come mensa dagli abitanti del quartiere.

L'ambiente

Sedili ricoperti di fustagno, tavolini in formica, molto parisian roots. Piacevoli le foto degli artisti alle pareti e lo stile originario, rimasto immutato.

Che cosa ordinare

Tutti i piatti del giorno, l'hamburger e i succhi di frutta.

8, rue des Chartreux, 6e
Tel. +33 (0)1 43 26 66 34

Chez Paul

LA FRASE FATIDICA

« Era la mensa
di Yves Montand,
che abitava
a due passi da qui ».

Buono a sapersi

Situato sulla deliziosa place Dauphine, è talmente tipico da sembrare una scenografia teatrale.

L'ambiente

Retrò classico, of course. Soffitti a volta e pietre a vista: la quintessenza del bistrot parigino di una volta.

Che cosa ordinare

L'anatra *en aiguillettes*, in agrodolce.

15, place Dauphine, 1er
Tel. +33 (0)1 43 54 21 48

La Closerie des Lilas

La frase fatidica

« Ci veniva Hemingway a scrivere *il sole sorge ancora*. Mi pare che prendesse il maiale caramellato al miele! »

Buono a sapersi

Il ristorante vero e proprio è super-chic, mentre la brasserie è molto più abbordabile. Io vado lì, dopo aver chiesto all'ostricaio dell'ingresso di consigliarmi per i crostacei.

L'ambiente

Sedili di cuoio *capitonné*, tavoli in legno scuro, tovagliette firmate dalle celebrità di passaggio. Genere parigino accogliente.

Che cosa ordinare

Lo *steak tartare*, che è il must della casa. Ma anche il resto è delizioso!

171, boulevard du Montparnasse, 6e
Tel. + 33 (0)1 40 51 34 50

La Fontaine de Mars

LA FRASE FATIDICA

« Posso avere quello che ha preso Michelle Obama quando è venuta qui ? »

Buono a sapersi

- È piacevole venirci quando fa bel tempo, per godersi il sole sulla terrasse.

L'ambiente

- Tovaglie a quadri bianchi e rossi, piastrelle 1900 e camerieri con grembiulone d'epoca: più parigino di così…

Che cosa ordinare

* Ogni giorno della settimana ha il suo piatto. Il venerdì c'è il pollo ruspante arrosto con purée. Il menu *à la carte* offre lumache e dell'ottimo *magret* d'anatra.

129, rue Saint-Dominique, 7^e
Tel. +33 (0)1 47 05 46 44
www.fontainedemars.com

I Cafés de l'Industrie

Buono a sapersi

● I Cafés de l'Industrie sono tre, situati ai due lati della strada. Quello da visitare è al numero 16 (il più grande dei tre).

L'ambiente

● Stile coloniale con *boiseries* di legno, pareti ocra, foto in bianco e nero… un'atmosfera veramente simpatica, soprattutto di sera. Ottima scelta per far colpo sulle amiche che vivono a New York.

Che cosa ordinare

✱ Le insalate, il carpaccio, i piatti tradizionali francesi e un sacco di altre cose buone scritte sulla lavagna.

16, rue Saint-Sabin, 11e
Tel. + 33 (0)1 47 00 13 53

LA FRASE FATIDICA

« Fantastico!
Ci si può restare fino
alle 2 del mattino! »

Racinea

LA FRASE FATIDICA

« Questo bistronomique* è il massimo! »

*Per chi non lo sapesse, il termine indica la nuova generazione di bistrot che propongono una cucina creativa sul tipo dei ristoranti gastronomici, a prezzi ragionevoli.

Buono a sapersi

Visto che il posto è piccolo, che gli habitués non intendono sloggiare e che il proprietario si rifiuta di servire più di 30 tavoli al giorno, è in-di-spen-sa-bi-le prenotare.

L'ambiente

Tavoli da bistrot accostati gli uni agli altri e bottiglie di vino (in vendita) che decorano le pareti di questo minuscolo locale situato nel bel Passage des Panoramas, anima di Parigi.

Che cosa ordinare

La lista cambia ogni giorno, con prodotti sempre eccellenti. Il mio piatto preferito? La *poularde* alle verdure di primavera. Tener presente che qui ci si viene anche per il vino.

8, passage des Panoramas, 2e
Tel. +33 (0)1 40 13 06 41

Au bon Saint-Pourçain

LA FRASE FATIDICA

« Gli americani adorano sia il ristorante che il padrone so french! »

Buono a sapersi

Un ristorante che si sarebbe fatto notare anche se non fosse situato in questa bella e tipica strada a due passi da Saint-Sulpice.

L'ambiente

All'esterno, tavoli con tovaglie a quadri bianchi e rossi; all'interno, tendine di trina bianca alle finestre. In qualunque parte del mondo lo piazziate, la gente dirà subito: « È francese!».

Che cosa ordinare

L'insegna dice *Cuisine bourgeoise*. Traduzione: porri vinaigrette, *terrine* d'anatra, garretto d'agnello, pollo alla boscaiola, e via dicendo. Senza dimenticare la famosa *tête de veau gribiche* (testina di vitello con maionese ai capperi). E una bottiglia di Saint-Pourçain, *of course*!

10 bis, rue Servandoni, 6e
Tel. +33 (0)1 43 54 93 63

Le Café de l'Odéon

LA FRASE FATIDICA

« Sembra di atare in una *pièce* teatrale! »

Buono a sapersi

● Da maggio in poi, ci si può sedere sulla deliziosa terrasse proprio di fronte al Théâtre de l'Odéon, e anche cenarci la sera.

L'ambiente

● Teatrale, con colonne di marmo, grandiosi lampadari, specchiere dorate e statue antiche. La terrasse, ovviamente, è più sobria, ma… c'è il cielo di Parigi!

Che cosa ordinare

✱ Un filetto di manzo.

Place du Théâtre de l'Odéon, 6e
Tel. +33 (0)1 44 85 41 30
www.cafedelodeon.com

L'Écume Saint-Honoré

LA FRASE FATIDICA

« Come dessert prendo le capesante! »

Buono a sapersi

Nato come pescheria, si è evoluto in *oyster bar*…

L'ambiente

Marinaro: sul soffitto è dipinto un cielo azzurro con nuvole e gabbiani; e nel sottofondo musicale risuonano grida di gabbiani.

Che cosa ordinare

Siete avvisati: se volete una bistecca, non siete nel posto giusto… Qui, frutti di mare e crostacei.

6, rue du Marché-Saint-Honoré, 1er
Tel. +33 (0)1 42 61 93 87

Chez Georges

LA FRASE FATIDICA

« Quando ci vieni, evita di vestirti vintage o crederanno che ci hai passato la vita! »

Buono a sapersi

Qui non cambia mai niente, e meno che mai il menu. Troverete sempre le *andouillettes* (salsicce di trippa), il sedano *rémoulade*, le aringhe con patate all'olio e le profiteroles!

L'ambiente

Stile bistrot Belle Époque, rimasto immutato da anni. Atmosfera parigina-chic particolarmente piacevole.

Che cosa ordinare

Il classico *pavé du Mail*: una fetta di manzo al pepe con patate fritte.

1, rue du Mail, 2e
Tel. +33 (0)1 42 60 07 11

Le Salon du Cinéma du Panthéon

Buono a sapersi

Situato al primo piano di uno dei più vecchi cinema di Parigi, è il posto ideale per pranzare con le amiche o prendere un tè (chiude alle 19).

L'ambiente

Uno spazio di 150 m² ideato da Catherine Deneuve e dal famoso designer Christian Sapet: grandi divani cosy, tavolini bassi e lampade « deco statement ». Ci si sta talmente bene che non si verrebbe mai via. Sulla terrasse esterna, poi, ci si passerebbe l'intero pomeriggio!

Che cosa ordinare

Insalate, salumi spagnoli, salmone biologico… tutto freschissimo ed eccellente.

13, rue Victor Cousin, 6ᵉ
Tel. + 33 (0)1 56 24 88 80

LA FRASE FATIDICA

« Guarda dietro di te:
c'è Catherine Deneuve! »

Trendy Paris

Parigi ha anche dei nuovi indirizzi che attirano il fashion people. Qui è obbligatorio prenotare e in certi ristoranti c'è addirittura una lista d'attesa… come per le it bags.

Il top del fashion

La Société

Situato di fronte alla chiesa di Saint-Germain-des-Prés ma nascosto dietro un immenso portone, questo ristorante (aperto dai Costes) può infondere una certa soggezione. Si dice addirittura che non ci tenga a figurare nelle guide turistiche. Arredato dall'architetto d'interni Christian Liaigre, fa molto neo-Rive Gauche: sobrio e minimalista come i piatti che serve. Degustate una tartara aller-retour e sarete etichettata « Parisienne à la mode »!

4, place Saint-Germain, 6^e^
Tel. +33 (0)1 53 63 60 60

Il paradiso dei carnivori

Unico

Situato nel cuore dell'11e arrondissement, questo locale argentino fa sempre il pieno. Non c'è da stupirsi: i proprietari – argentini – hanno azzeccato la formula perfetta. Nell'ex macelleria, di cui hanno conservato l'arredamento anni '70 (ossia con molto arancione!), si trovano gustose e tenerissime bistecche importate direttamente dalla pampa. Per non parlare dell'irresistibile banana con *dulce de leche*. Non adatto per le diete, ma vi farà ruggire di piacere!

15, rue Paul Bert, 11^e^
Tel. +33 (0)1 43 67 68 08
www.resto-unico.com

(Molto) nouvelle cuisine

Le Chateaubriand

Non esiste vera Parigina che non abbia pranzato almeno una volta allo Chateaubriand.
Tutte, ovviamente, innamorate del tenebroso chef basco Inaki Aizpitarte, ma anche della sua cucina quanto mai inventiva (che potrebbe non piacere a tutti però). Vi si gustano piatti strambi, come le sardine nel loro foie gras, i porcini crudi e olio di caffè: una bontà! Inaki pratica scelte anticonvenzionali e audaci mix culinari secondo i dettami del nouveau Paris. L'azzeccato arredamento rudimentale del bistrot dimostra che si può mangiar bene anche senza grandi esibizionismi.

129, avenue Parmentier, 11e
Tel. +33 (0)1 43 57 45 95

Atmosphère, atmosphère

Le Baratin

È aperto da un bel po' ma l'ambiente, immutato, resta di una simpatia unica. Il personale è molto cordiale e, quel che più conta, ci si mangia bene. Ricordo di averci assaggiato una tartara di tonno alle ciliegie… da ribalto. *L'aiguillette de boeuf* in salsa esotica vale da sola il viaggio fino al 20e arrondissement.
Buono e basta! Quindi, andateci.

3, rue Jouye-Rouve, 20e
Tel. +33 (0)1 43 49 39 70

Vista sulla Grande Signora

Le Café de l'Homme

La più bella vista della Tour Eiffel. D'estate, la terrasse del Café de l'Homme è un buon posto dove portare a pranzo gli amici di passaggio. Buono anche per farci una proposta di matrimonio. Cucina contemporanea: scaloppa di foie gras in padella, mini porri, emulsione di mele Granny Smith, tonno alla piastra laccato alla soia, cheesecake con gelato di formaggio bianco. Perfetto per godersi la vista!

17, place du Trocadéro, 16e
Tel. +33 (0)1 44 05 30 15
www.restaurant-cafedelhomme.com

cru
bar à vin

Chic contemporaneo

Cru

Come dice il nome, vi si mangiano cibi crudi (il grande tris di tartare è divino!) e insoliti carpaccio; ma anche cibi cotti, come l'orata arrosto al basilico che fa venire l'acquolina in bocca solo a nominarla. Un posto squisito come la sua arredatrice, Marie Steinberg: tutto di gusto impeccabile, a cominciare dallo stile design (date un'occhiata alle toilettes, molto divertenti!). D'estate il piccolo cortile è molto allegro e il servizio cordiale. Personalmente, sarei capace di pranzarci tutti i giorni della settimana e di tornarci con i bambini per il brunch domenicale.
Un ottimo Cru!

7, rue Charlemagne, 4e
Tel. +33 (0)1 40 27 81 84
www.restaurantcru.fr

La pausa shopping

Il fatto che la Parigina porti la taglia 40 (tranquille, ne conosco anche di quelle che portano il 44!) non significa che salti il pranzo per fare shopping come una pazza. La crociata comprende anche una pausa per sgranocchiare un'insalata!

Bread & Roses

Esisteva già un Bread & Roses nel 6e (7, rue de Fleurus) per cui quando, all'inizio del 2010, ne hanno aperto un altro a due passi dal mio ufficio, è diventato subito la mia nuova mensa. Eccellenti, a mezzogiorno, le *quiches*, le tartine con caprino fresco, le sfogliatine con pomodoro e mozzarella di bufala e le insalate. Il pane biologico ai cereali è una delizia, per non parlare dei dolci (*mont-blanc*, cheesecake, millefoglie). Se vi pungesse vaghezza di tenere in ufficio del pane biologico, potete comprarlo in fondo al ristorante. Biotiful!

25, rue Boissy d'Anglas, 8e
Tel. +33 (0)1 47 42 40 00
www.breadandroses.fr

Emporio Armani Caffè

Sopra la boutique Armani, e anche sulla terrazza. Scicchissimo, come lo stile del designer italiano. Il miglior vitello tonnato di tutta Parigi!

149, boulevard Saint-Germain, 6e
Tel. +33 (0)1 45 48 62 15

Jour

Il tempio dell'insalata su misura. Si scelgono l'insalata, gli ingredienti da aggiungerci e infine la salsa: 6 basi, 42 *toppings* e 8 salse, per un totale di 365 creazioni possibili. Prima di lanciarvi nel vostro giro di shopping, consultate il sito Internet: a Parigi c'è una decina di ristoranti Jour!

13, boulevard de Malesherbes, 8e
Tel. +33 (0)1 40 07 06 68
www.jour.fr

Ralph's

Ralph Lauren ha fatto bene a scegliere la Rive Gauche per aprire il suo più grande flagship europeo a Parigi. Questo hôtel particulier del XVII è interamente dedicato alle creazioni del re dello sportswear statunitense. Il clou dello spettacolo? Il cortile alberato del ristorante Ralph's. *Crabcake* o *burger*: siamo a Parigi, ma si mangia americano. Ve l'ho già detto: alle Parigine piace decontestualizzare.

173, boulevard Saint-Germain, 6e
Tel. +33 (0)1 44 77 76 00
www.ralphlauren.com

Cojean

Panino e salute possono anche andare d'accordo. I mini-panini briosciati di questo fast-food salutista sono da urlo, le minestre sono vegetariane al 100% e le *quiches* freschissime.
I succhi di frutta spremuta, o mixati sul momento, si potrebbero bere dalla mattina alla sera.

6, rue de Sèze, 9e
Tel. +33 (0)1 40 06 08 80
www.cojean.fr

Rose Bakery

Un indirizzo da conquistare: se non lo si conosce, è difficile scovare questa pizzicheria che a mezzogiorno fa da ristorante e, nel pomeriggio, da sala da tè. Un'atmosfera *nature* dove tutto è biologico e freschissimo.
Cakes, succhi di frutta, insalate… per chi vuole farsi del bene.

30, rue Debelleyme, 3e
Tel. +33 (0)1 49 96 54 01

Le Water-Bar de Colette

Il percorso della Parigina passa per forza dalla boutique Colette. Dopo aver scannerizzato il negozio per aggiornarsi sulle tendenze da conoscere, si scende a pranzare nel seminterrato dove si apprezza il fashion food, tipo le lasagne vegetariane e i dessert preparati da chef sulla cresta dell'onda.
Il tutto annaffiato da un'acqua minerale trendy. Come essere alla moda pranzando nel modo giusto!

213, rue Saint-Honoré, 1er
Tel. +33 (0)1 55 35 33 90
www.colette.fr

5. Un letto a Parigi

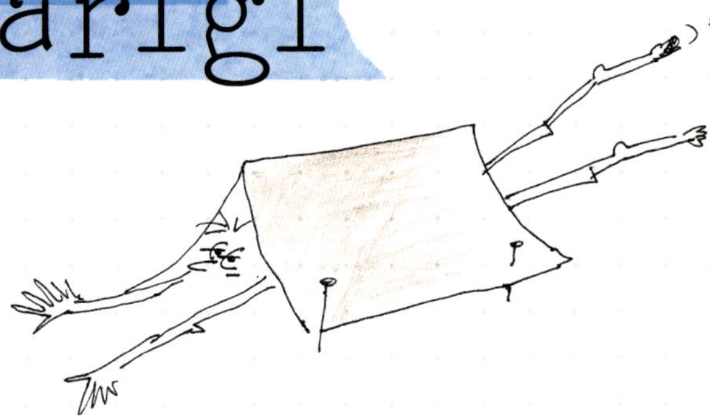

Dove dormire a Parigi?

Una buona soluzione resta sempre quella dei palaces: difficile essere delusi da un soggiorno al Ritz o al Plaza Athénée! Ma per chi vuole sperimentare i piccoli alberghi simpatici, la scelta non manca. Buona posizione (preferibilmente sulla Rive Gauche), arredamento attraente e, in più, una buona dose di charme: eccovi la mia selezione dei buoni posti letto a Parigi.

Un angolo di campagna in piena Parigi

Hôtel des Grandes Écoles

LA FRASE FATIDICA

« Non c'è la TV, ma in compenso si sentono cantare gli uccellini tra gli alberi del cortile! »

L'ATMOSFERA

Siamo nel cuore del 5e arrondissement, ma sembra di stare fuori Parigi. L'albergo, tranquillo e immerso nel verde, ha un'aria da cottage campagnolo.
Nella bella stagione si fa la prima colazione nel parco, all'ombra degli alberi. Un indirizzo per chi vuole vivere nella capitale ma dormire come in provincia.

L'ARREDAMENTO

Stampati rustici, copriletti all'uncinetto e rivestimenti di legno: si è a mille miglia dal design contemporaneo.

75, rue Cardinal-Lemoine, 5e
Tel. +33 (0)1 43 26 79 23
A partire da 115€
www.hotel-grandes-ecoles.com

Lo charme classico

Hôtel de l'Abbaye Saint-Germain

LA FRASE FATIDICA

« Troppo carino! »

L'ATMOSFERA

Molto tranquillo, fa parte dei classici raffinati a prezzi abbordabili. Situato a Saint-Germain-des-Prés, piace a tutte le fan della moda che possono rientrare in qualunque momento all'albergo per depositare le loro shopping bags.
D'estate si fa colazione nel cortile alberato al canto della fontana: uno dei punti di forza dell'albergo!

L'ARREDAMENTO

Carte da parati, a fiori o a righe, grandi specchi dorati, testiere dei letti assortite al tessuto degli abat-jour, stanze da bagno in marmo: il 100% del classico raffinato.

10, rue Cassette, 6e
Tel. +33 (0)1 45 44 38 11
A partire da 260€
(240€ se si prenota per Internet)
www.hotelabbayeparis.com

La quintessenza della Rive Gauche

LA FRASE FATIDICA

« È piaciuto a Oscar Wilde, piacerà anche a te! »

L'ATMOSFERA

Si sente subito che questo albergo ha una sua storia. Faceva parte della residenza della regina Margot. Dopo il recente restauro, è il preferito dalla gente alla moda. Da non perdere il ristorante, battezzato semplicemente Le Restaurant, nonché la piscina sotto le volte, riservata ai clienti.

L'ARREDAMENTO

Firmato da Jacques Garcia: quindi molto velluto rosso, mobili antichi, lampade con base dorata e paralume a frange, carte da parati a disegni, tessuti sontuosi… un caldo ambiente classico. La terrazza della suite più grande, con vista sui tetti di Parigi, è favolosa.

13, rue des Beaux-Arts, 6e
Tel. +33 (0)1 44 41 99 00
A partire da 255€
www.l-hotel.com

L'aura di Montmartre

Hôtel Particulier

LA FRASE FATIDICA

« Prendiamo l'aperitivo in giardino, o preferiaci fare la parte di Amélie Poulain al Café dea 2 Moulina (15 rue Lepic, 18e)? »

L'ATMOSFERA

Sebbene preferisca la Rive Gauche, confesso un debole per Montmartre. Situata nel passaggio segreto Rocher-de-la-Sorcière (per entrare ci vuole la parola d'ordine), questa grande casa in stile Direttorio ha tutti i numeri per conquistare le ragazze più « in ». Soltanto cinque suites, affacciate su un delizioso giardino (va da sé che si tratta di un posto tranquillo).

23, avenue Junot, Pavillon D, 18e
Tel. +33 (0)1 53 41 81 40
290€. A partire da 290€
Prezzi speciali in certi periodi dell'anno
www.hotel-particulier-montmartre.com

L'ARREDAMENTO

Concepito come un appartamento con ogni camera diversa dall'altra, l'albergo è stato arredato da Morgane Rousseau con il concorso di numerosi artisti. Nella suite Loft una vasca da bagno nera troneggia nel soggiorno; nella Végétale, la carta da parati dà l'impressione di stare in giardino; nella Poèmes et chapeaux, una lampada con una bombetta nera per abat-jour spicca contro le pareti bianche… Eterogeneo, ma indovinato.

Lo spirito casalingo

Hôtel Recamier

La frase fatidica

« Non dare l'indirizzo a destra e a manca: meglio tenercelo per noi! »

L'atmosfera

Non ci facevo caso da un pezzo, ma nel 2009 l'albergo è stato rinnovato e adesso ha un'aria da appartamento privato. Un lusso discreto, improntato allo spirito anni '40.
È il nuovo indirizzo trasmesso con il passaparola. È situato in splendida posizione (accanto alla chiesa di Saint-Sulpice) e per giunta si viene accolti con cordialità.

L'arredamento

Le camere sono tutte diverse e ogni piano ha il suo colore. Moquette millerighe e carta da parati in fibra naturale in una (la mia preferita); testiera di letto a scacchi abbinata con stoffa a losanghe in un'altra. Nel bagno ci sono i prodotti Fragonard: basterebbe questo per mettere voglia di andarci!

3 bis, place Saint-Sulpice, 6e
Tel. +33 (0)1 43 26 04 89
A partire da 250€
www.hotelrecamier.com

L'easy-chic con i bambini

Hôtel Bel Ami

LA FRASE FATIDICA

« i bambini si rifiutano di uscire, preferiscono restare a giocare in albergo! »

L'ATMOSFERA

✱ Design, design e ancora design, ma con un tocco di simpatia. Soprattutto per quel che concerne l'accoglienza dei bambini, che possono dormire in una camera comunicante con quella dei genitori: orsacchiotto di peluche, album da disegno e matite. I più piccoli hanno a disposizione un menu-junior e i più grandi dei video-giochi: l'albergo li considera clienti a pieno titolo! Molto graditi anche i concerti jazz che, organizzati regolarmente, attirano gli habitués. Come pure lo spa, apprezzato dai fan della beauty.

L'ARREDAMENTO

✱ Casual chic. Mobili in massello di quercia, colori naturali con tocchi scuri, lacche per le stanze da bagno. Ogni camera ha la sua tonalità: cannella, cumino, verde anice, arancio.

7–11, rue Saint-Benoît, 6ᵉ
Tel. +33 (0)1 42 61 53 53
A partire da 250€
www.hotelbelami.fr

Il palace come nella Belle Époque

Le Régina

La frase fatidica

« A nessuno viene in mente di venirci: perfetto per berci un drink con l'amante senza timore di essere colti sul fatto... »

L'atmosfera

Uno dei palaces parigini che ha meglio conservato lo spirito dell'epoca. I turisti, ovviamente, ci vengono per passare la notte in un letto accogliente, mentre i parigini amano la discreta atmosfera del Bar Anglais o del ristorante, provvisto di uno spazio all'aperto nel cortile alberato.

2, place des Pyramides, 1er
Tel. +33 (0)1 42 60 31 10
A partire da 375€
www.regina-hotel.com

L'arredamento

Si direbbe che tutto sia rimasto immutato da quando il palace fu aperto nel 1900. Gli stranieri che scendono in questo albergo a due passi dal Louvre devono trovarlo tipicamente francese: le poltrone di velluto rosso sui pavimenti di marmo, i lampadari e le grandi tappezzerie sono fasti d'altri tempi, ma pur sempre gradevoli. Per chi rientra dalla vicina boutique Colette, dal design ultramoderno, è un vero e proprio viaggio nel tempo!

Il lusso discreto

Hôtel Villa Madame

LA FRASE FATIDICA

« È chic e cozy: acicccozo! »

L'ATMOSFERA

* Un lusso senza pretesa, un indirizzo discreto che offre lo chic contemporaneo in una deliziosa strada del 6e arrondissement. Il valore aggiunto? Il giardinetto.

L'ARREDAMENTO

* Legno chiaro, oggetti decorativi esotici, beige, marrone, bianco e orchidea: una ricetta basica, ma che conferisce un certo calore al design. Alcune camere hanno una terrazza con vista sui tetti di Parigi: da chiedere in prima istanza.

44, rue Madame, 6e
Tel. +33 (0)1 45 48 02 81
A partire da 192€
www.hotelvillamadameparis.com

UNA BUONA RAGIONE PER OGNI ALBERGO:

Per un appuntamento con l'amante

L'Hôtel Amour
8, rue Navarin, 9e
Tel. +33 (0)1 48 78 31 80
Camera doppia a partire da 150€
www.hotelamourparis.fr

Per svegliarsi su Place des Vosges

Le Pavillon de la Reine
28, place des Vosges, 3e
Tel. +33 (0)1 40 29 19 19
A partire da 330€
www.pavillon-de-la-reine.com

Per un budget limitato

Hôtel Sainte-Beuve
9, rue Sainte-Beuve, 6e
Tel. +33 (0)1 45 48 20 07
Offerte speciali a partire da 130€
www.hotelsaintebeuveparis.com

Appunti

Appunti

Appunti

Ines

Nina, di essere così bella e di non essersi fatta prendere da crisi adolescenziali nell'aiutare la sua mamma…

Éric Chale, che ci ha portate ai vari indirizzi con grande perizia.

François, il proprietario dei Chartreux, che ci ha lasciato usare il suo locale come quartier generale per mettere insieme questa guida.

Zohra, per tutti gli straordinari che si è fatta per permettere alle mamme (Sophie e io) di andare a fare le Parigine.

Violette, che ha dovuto fare i compiti sempre da sola, ma che è stata ugualmente promossa con i complimenti della maestra.

Denis, per il suo consiglio di spegnere il computer dopo la mezzanotte.

Armelle, che ci ha ricordato tutti gli indirizzi che rischiavamo di dimenticare e vero cervello di tutta l'operazione.

Katia & Valentin, grazie ai quali non ci sono venuti i capelli bianchi e che non si danno mai delle arie.

La signora delle pulizie dell'ufficio di Teresa Cremisi: con tutti gli abiti accumulati per le sedute fotografiche, temo che non l'abbiamo sempre lasciato come l'avevamo trovato.

Tuulia, il cui ufficio sta accanto alla (rumorosa) fotocopiatrice con cui abbiamo stampato migliaia di foto.

Dinky & Aliosha, le cui passeggiate erano rigorosamente in funzione dei luoghi da visitare per la compilazione di questa guida (almeno non andavamo dal veterinario!).

L'adorabile libraio che è riuscito a convincervi che si trattava di un'opera importante…

L'adorabile giornalista che ha scritto un articolo ditirambico (e al quale spedirò una busta domattina stessa!).

Sophie

Pascale Frey e Jean-Marc Savoye per il coaching.

Santiago Boutan e Soledad Bravi, che hanno fatto apparire per incanto la fata designer.

Jeanne Le Bault per il suo stile « Parisienne ».

Daphné Bengoa, che riesce sempre a essere « a fuoco ».

Véronique Philipponat, Nathalie Dolivo, Erin Doherty, Philomène Piégay e Anne-Cécile Sarfati cui ho consegnato delle carte (quasi) in ritardo perché giravo per la capitale con la Parigina. (Ma ero stata incoraggiata a farlo da Valérie Toranian!)

Stéphane e Caroline, che si sono sposati senza di me per colpa di una mannequin che lavora soltanto nei week-end.

Cédric, Aramis e Sienna per la pazienza dimostrata e per aver dovuto fare uscire le pecore senza di me.

Suzy… perché tutti sanno che una vera Parigina non muore mai.

Grazie a APC, Balenciaga, Chanel, Claudie Pierlot, Dior Homme, Éric Bompard, D.H. Bass, La Bagagerie, Notify, Persol et Roger Vivier per averci aiutate a stilizzare Nina *à la Parisienne* (v. Parte 1)

Stampato in Cina